# Designer's Chair Collections

デザイナーズ・チェア・コレクションズ

320の椅子デザイン

OHIRO Yasuyuki
大廣保行

鹿島出版会

# はじめに

21世紀、今日のデザインは新しい潮流を迎えた。経済低迷の中、生活空間を構成するあらゆる分野において、新しい活力と価値を創造するデザインが重視され、期待されている。

19世紀末から始まった家具（椅子）デザインの歴史は、近代のさまざまなムーブメントの潮流のもと、多くの作品が創出され、形成されてきた。

一般にデザインは、その時代の社会や文化を背景に、感性豊かなデザイナーや芸術家により創造されている。特に、歴史的に名作と呼ばれるデザインには、作者の研ぎ澄まされた審美眼と豊かな造形力、普遍的精神を感じさせてくれる。今日では、デザイナーや芸術家のカリスマ性をもったブランドも多くなってきた。

昨今のデザインは、時空並存の共感性を背景に、さまざまな文化や芸術、技術が巧みに融合しながら、21世紀への新しい潮流を形成しつつある。

この本はデザインを興趣つきないさまざまな名作椅子、特に世界の著名なデザイナー142人と彼らがデザインした代表作約320点に、そのスポットをあてて、デザインの潮流をみようとするもので、既刊の『現代の家具と照明』『続・現代の家具と照明』の改訂版ともいえる。デザイナーや芸術家はその略歴、作品には寸法や仕様、メーカー、取扱いショップ、巻末にはショップの一覧表を付して、読者の便宜を図った。

建築家やデザイナー、インテリア・コーディネーター、インテリア・ショップ関係者、デザイン関連の学生だけでなく、椅子のデザインに関心をもつ多くの人々の“デザイナーズ名作椅子コレクション”として、お役に立てれば幸いである。

2005年8月
大廣保行

# CONTENTS

ニューウェーブ
New Wave



[作品凡例]

・作品名称
・デザイナー名
・製作年またはデザイン年
・作品寸法（W＝幅、D＝奥行、H＝高さ、SH＝座面高さ、$\phi$＝直径、単位はセンチ、ミリ単位は切り上げ）
・メーカー名／主な国内取扱ショップ
・欧文名称
・欧文デザイナー名
・主な材料
・コメント

（不明項目は省略）

# Designer's Chair Collections

## デザインの潮流

一般にデザインの潮流は、それらの生まれた時代の社会や文化、風土などを背景にデザイナーの思想や市民のニーズにより発生し、形成され、価値付けられていく。以下は、プレ・モダンから近年のニューウェーブまでの主な潮流とそのトレンド・キーワードである。

**プレ・モダン**

- ネオ・クラシック……古典・装飾様式のリプロ・復刻
- デザイン・ムーブメント……市民文化の興隆、機械生産、実用主義、デザイナーの登場と思想活動、モダン・デザインの源泉

↓

**モダン**

- インターナショナル・モダン……バウハウス、合理主義、機能主義運動、エスプリ・ヌーボー、グローバル化
- スカンジナビアン・モダン……自然主義、クラフト・モダン、成型技術
- アメリカン・モダン……新技術・新素材の導入、シンプルイズモダン
- イタリアン・モダン……ドムス、アビターレ、ホップデザイン、ヌーボ・イタリアーノ
- ジャパニーズ・モダン……型而工房、機能主義、経済成長、アメリカ・イタリアの影響、モダニズムの洗礼

↓

**ニューウェーブ**

- ポスト・モダン……アンチモダン、メンフィスとアルキミアの活動、ファンタジー性（1970年代後半）、新装飾主義
- ファンクショナル・アート……サードジェネレーションウェーブ、ネオ・モデルーノ、機能と芸術の融合
- コラボレーション……ハイブリッド、エクレクティック（折衷）、リベラル・モダン、アドバンスフォルム
- ジャパニーズ・ニューウェーブ……ミニマリズム、感性のグローバル化

ヒルハウス・1／チャールズ・レニ・マッキントッシュ／1902年
Hill HOUSE-1／Charles Rennie Mackintosh

アームチェア247-P／オットー・ヴァーグナー／1904年
ARM CHAIR 247-P／Otto Wagner

バレル／フランク・ロイド・ライト／1903年
BARREL／Frank Lloyd Wright

フォリア／ジュゼッペ・テッラーニ／1934年
FOLLIA／Jiuseppe Terragni

# デザイン・ムーブメント

## Design Movement

19世紀後半、産業革命と民主主義市民文化の興隆を背景に、統治者や宗教の権威や栄光を誇示した従来の装飾様式を否定し、市民のための実用性を重んじたデザイン“モダン・デザイン”の源泉が誕生した。産業革命は生産の機械化と製品の量産化を推進させたが、反面、品質を低下させたことから、手作り加工により品質の高い製品を作ろうとしたウィリアム・モリスの〈アーツ&クラフツ〉運動が興った。同運動がウィーン工房のヨゼフ・ホフマンの〈ゼ・セッション〉、ベルギーのヴァン・デ・ヴェルデの〈アール・ヌーボー〉の各運動への刺激となった。

19世紀の同時代、ミヒャエル・トーネットは曲木の技術開発に成功し、曲木によるアール・ヌーボー様式の椅子を数多く発表、特に量産第1号のコーヒーチェア「14番の椅子」は現在もなお生産中で、世界一のベストセラーチェアとなっている。また、イギリスのグラスゴー派の建築家チャールズ・レニ・マッキントッシュは、椅子の構造形式を装飾化し、アール・デコ様式に近い形態をもった作品を発表した。第一次大戦中の1917年、オランダのライデンで結成されたキュービズム造形グループ〈デ・スティル〉に参加したゲーリット・トーマス・リートフェルトは装飾を廃し、抽象化された幾何学的作品を発表、いずれも構造を美的要素とすることで、モダン・デザインの源流を形成するものとして、多くの作品が復刻されている。

19世紀末のアメリカでは、“形態は機能に従う”というルイス・サリバンの〈シカゴ派〉の流れをくむフランク・ロイド・ライトは、特に人間と自然との有機性を重視した〈有機的建築〉を発表、その建築のためにデザインされた椅子が、近年数多く再評価され、復刻されている。

イタリアのモダニズムは、1930年前後のイタリア合理主義運動〈ラショナリズム〉に端を発している。同時代の代表的な建築家やデザイナーには、ピエロ・ボットーニや「カサ・デル・ファッショ」のジュゼッペ・テッラーニらがいる。特に同時代の作品は、70〜80年代の回帰志向〈レトロ〉により作品が復刻されている。プレ・モダン時代の建築家やデザイナーの作品に対する〈レトロ〉は昔を回顧し、懐かしむ人間の習性だけでなく、過去と現在の並存を認める感性の多様化を背景とした現代人の人間性復活の証しであろうか。

### ネオ・クラシック　Neo Classic

様式のはじまりとされる15世紀のゴシック期から19世紀末までの統治者や宗教の権威、力の誇示を象徴するクラシック様式期はそれぞれに装飾や技法に特色があり、今日ではインテリア・デコレーションの基本的な形式として定着している。これらの様式や形式をデフォルメし、新技法で復刻したものを〈ネオ・クラシック〉とするが、デザイナーズ・ブランドを中心としたこの著においては特に論じない。

# ミヒャエル・トーネット

## Michael Thonet

1796年ドイツのボッパルドに生まれ、指物師として修行後、1819年独立。4年後ボッパルドで家具工房を設立、30年代より曲げ加工の椅子を発表、36—40年にかけて曲木の加熱成型法を確立し特許を得た。42年ウィーンにおいてトーネット社の工場を設立、曲木の量産化を図り、53年息子たちによりその体制が確立された。1871年没。

**14番の椅子**

ミヒャエル・トーネット
1859年
W43×D52×H84×SH46
Thonet／アイデック
Chair-No.14
Michael Thonet

ブナ曲木、ラタン張り
トーネットの14番目の椅子で、特に量産第1号のコーヒーチェアとして今日でも生産、世界中で愛用されている。

**ロッキングチェア**

ミヒャエル・トーネット
1860年
W53×D101×H103×SH49
Thonet／アイデック
B-528
Michael Thonet

曲木によるロッキングチェア第1号。

ハイバックアームチェア
ミヒャエル・トーネット
1862年
W56×D53×H116×SH46
Thonet／アイデック
207RF
Michael Thonet

トーネットの17番目の椅子。第1回万国博（1851年）のクリスタルパレスの窓枠がモチーフという。

225P
ミヒャエル・トーネット
1904年
W63×D57×H78×SH47
Thonet／アイデック
225P
Michael Thonet

ブナ材、染色塗装、布張り

676P
ミヒャエル・トーネット
1904年
W44×D54×H97×SH46
Thonet／アイデック
676P
Michael Thonet

ブナ材、染色塗装、布張り

コルビュジエチェア
ミヒャエル・トーネット
1871—75年
W54×D57×H75×SH46
Thonet／アイデック
209
Michael Thonet

ブナ材、染色塗装、座：モールドウレタン布張り
1927年、ポール・ヘニングゼーによってリメイクされたもので、ル・コルビュジエが愛用したため“コルビュジエチェア”と呼ばれている。

# チャールズ・レニ・マッキントッシュ

## Charles Rennie Mackintosh

1868年イギリスのグラスゴーに生まれ、84年建築家ジョン・ハチソンに師事、89年ジョン・ハニマン・ケペー事務所に移り、1913年までハニマン・ケペー&マッキントッシュ事務所として共同で活動。14年以降ロンドンに移り、プリント生地のデザイン、23年以降は水彩画に専念している。代表的作品には郊外住宅「ウインディヒル・ハウス」「ヒル・ハウス」、バーグラム通りの「クランストーン・ティールーム」など。グラスゴー派を結成したアール・ヌーボーの旗手とされるが、作品の多くは構造を装飾とした独自のデザインを確立している。1928年没。

アルガイユ
チャールズ・レニ・マッキントッシュ
1897年
W48×D46×H136×SH51
Cassina／カッシーナ・イクスシー青山本店
ARGYLE
Charles Rennie Mackintosh

オリジナルはアルガイユ・ストリートのティールームのためにデザインしたもので、1900年のウィーン国際博覧会にも出品された。ニューヨーク近代美術館永久展示品。

ヒルハウス-1

チャールズ・レニ・マッキントッシュ
1902年
W41×D39×H141×SH45
Cassina／カッシーナ・イクスシー青山本店
HILL HOUSE-1
Charles Rennie Mackintosh

1973年、カッシーナ社で復刻されたもの。オリジナルはヒルハウスのベッドルーム用にデザインしたもの。実用性よりも室内のオブジェとしての意図がある。

ウイロー-1

チャールズ・レニ・マッキントッシュ
1904年
W94×D41×H119×SH40
Cassina／カッシーナ・イクスシー青山本店
WILLOW-1
Charles Rennie Mackintosh

オリジナルはウイロー・ティールームのためにデザインしたもので、組格子は柳の木を意匠化したものといわれる。

## イングラム・ハイ

チャールズ・レニ・マッキントッシュ
1900年
W47×D45×H151×SH45
Cassina／カッシーナ・イクスシー青山本店
INGRAM HIGH
Charles Rennie Mackintosh

オリジナルはイングラム・ストリートのティールームのためにデザインしたもの。

## ディー・エス-3

チャールズ・レニ・マッキントッシュ
1918年
W49×D45×H75×SH45
Cassina／カッシーナ・イクスシー青山本店
D.S.-3
Charles Rennie Mackintosh

トネリコ材（黒塗）、座：ペーパーコード
1975年、カッシーナ社においてフォールディングテーブルとともに復刻された。オリジナルはW.バセット・ルークの別荘用にデザインしたもの。

# オットー・ヴァーグナー

## Otto Wagner

1841年オーストリアに生まれ、57年ウィーン工業大学に入学、61―63年までウィーン造形美術アカデミーで学び、建築と美術工芸の分野で活動。94年ウィーン造形美術アカデミーの教授に就任、門下には、ヨゼフ・ホフマンやオルブリッヒらがいる。代表的作品には「ウィーン郵便貯金局」「シュタインホーフ教会堂」などがある。1918年没。

**アームチェア247-P**

オットー・ヴァーグナー
1904年
W57×D56×H75×SH46
Thonet／アイデック
ARM CHAIR 247-P
Otto Wagner

ブナ材、染色塗装、布張り
ウィーン郵便貯金局のためにデザインしたもの。前脚と背が1本の曲木で成型されたはじめての作品で、背板の意匠に当時のアール・デコの影響がみられる。

# ゲーリット・トーマス・リートフェルト

## Gerrit Thomas Rietveld

1888年オランダのユトレヒトに生まれ、11歳から父の家具工房で修行後、1911年独立し、家具工房を経営しながら創作活動を行う。19年〈デ・スティル〉運動に参加、28年ラ・サラにおける近代建築国際会議（CIAM）の設立者の一人となった。代表的作品には「シュレーダー邸」（24年）、「ヴァン・ゴッホ博物館」（55年）など。〈デ・スティル〉の理論による抽象主義的造形表現は、バウハウス以降のデザインに大きな影響を与えている。1964年没。

**レッド&ブルー**
ゲーリット・トーマス・リートフェルト
1917—18年
W65×D83×H87×SH33
Cassina／カッシーナ・イクスシー青山本店
RED & BLUE
Gerrit Thomas Rietveld

〈デ・スティル〉の画家モンドリアンの影響を強く受けたリートフェルトの代表作品。直線による立体構成で、従来の伝統的家具様式を否定した点で大きく評価された。オリジナルはナチュラル仕上げで、カラーリングされたのは1923年頃といわれている。ニューヨーク近代美術館永久展示品。

**ジグ・ザグ**
ゲーリット・トーマス・リートフェルト
1934年
W37×D43×H74×SH43
Cassina／カッシーナ・イクスシー青山本店
ZIG ZAG
Gerrit Thomas Rietveld

オリジナルはスチール板4枚を金具で締めたもので、オランダのメッツ社で製作された。ニューヨーク近代美術館永久展示品。

# フランク・ロイド・ライト

## Frank Lloyd Wright

1867年アメリカに生まれ、マディソンのウィスコンシン大学で2年間学んだ後、87年シカゴのルイス・サリバンの事務所で働き93年に独立。没するまで390あまりの作品を残し、〈有機的建築〉に代表される作品群は世界の建築界に大きな影響を与えた。代表的建築には「落水荘」（36年）、「プレーリーハウス」「グッゲンハイム美術館」（59年）、「旧帝国ホテル」（23年）など。以下の家具作品は1986年以降カッシーナ社により復刻されたもの。1959年没。

**バレル**

フランク・ロイド・ライト
1905年
W55×D56×H81×SH50
Cassina／カッシーナ・イクスシー青山本店
BARREL
Frank Lloyd Wright

ダウイン・D.マーチン卿のためにデザインされた「ウイングプレット」がオリジナル。現在のものは、1937年にレプリカしたものを89年カッシーナ社で製作している。

**ロビー**

フランク・ロイド・ライト
1908年
W40×D46×H134×SH46
Cassina／カッシーナ・イクスシー青山本店
ROBIE
Frank Lloyd Wright

オリジナルはイサベル・ロバーツのためにデザインしたもの。直線を強調するライトの初期の特徴がよく出ている。

## ミッドウェー-1

フランク・ロイド・ライト
1914年
W52×D48×H87×SH46
Cassina／カッシーナ・イクスシー青山本店
MIDWAY-1
Frank Lloyd Wright

オリジナルはエドワード・ウィラーのミッドウェーガーデンのためにデザインしたもので、1922年東京の帝国ホテルでリデザインし使用された。六角形のモチーフが特徴。

## ミッドウェー-2

フランク・ロイド・ライト
1914年
W40×D46×H88×SH46
Cassina／カッシーナ・イクスシー青山本店
MIDWAY-2
Frank Lloyd Wright

ミッドウェーの大きな庭の中で建築と音楽、彫刻が調和するようにデザインされたという背もたれのデザインが印象的。

## タリアセン

フランク・ロイド・ライト
1949年
W94×D90×H77×SH38
Cassina／カッシーナ・イクスシー青山本店
TALIESIN
Frank Lloyd Wright

幾何学的構造で、造形的に強烈な印象を与えるデザイン。

## フリードマン

フランク・ロイド・ライト
1956年
W74×D70×H72×SH39
W59×D59×SH39（オットマン）
Cassina／カッシーナ・イクスシー青山本店
FRIEDMAN
Frank Lloyd Wright

# ブルーノ・タウト

## Bruno Taut

1880年ドイツに生まれ、1921年マグデブルク市の建築技師となり表現主義建築のリーダーとして活動。30年ベルリン工科大学の教授に就任、33年来日し、日本の工芸品のデザインの指導にあたり、その発展に貢献した。著作に『日本美の再発見』がある。1938年トルコで病没。

タウトの椅子
ブルーノ・タウト
1933年
W40×D49×H83×SH40
BC工房
TAUT
Bruno Taut

ナラ材、革、クリアラッカー塗り
“レストランの椅子”ともいう。オリジナルは1933年に来日した際に試作されたもの。写真は、近年BC工房により背板にカーブをつけて復刻されたもの。

# ジュゼッペ・テッラーニ

## Giuseppe Terragni

1904年イタリア生まれの建築家。イタリア合理主義建築運動〈MIAR〉の旗手、近代建築運動のマニエリストとして活躍。代表作にはイタリア・コモの「カサ・デル・ファッショ」（イタリア・ファシスト党ビル）がある。1943年没。

**フォリア**

ジュゼッペ・テッラーニ
1934年
W50×D60×H80×SH41
Zanotta／ノバ大島
FOLLIA
Giuseppe Terragni

オリジナルは「カサ・デル・ファッショ」のためにデザインしたもの。ステンレスのベンドで支えた背当がユニーク。写真は1972年ザノッタ社で復刻されたもの。ニューヨーク近代美術館永久展示品。

## サンテリア

ジュゼッペ・テッラーニ
1936年
W55×D60×H79×SH41
Zanotta／ノバ大島
SANTELIA
Giuseppe Terragni

「カサ・デル・ファッショ」のためにデザインしたカンティレバーの椅子。1970年、ザノッタ社で復刻された。

# ピエロ・ボットーニ

## Piero Bottoni

1903年生まれ。イタリア合理主義建築運動〈MIAR〉のメンバーで、テッラーニやサルトリスらとともに運動創始期に活躍した建築家。1973年没。

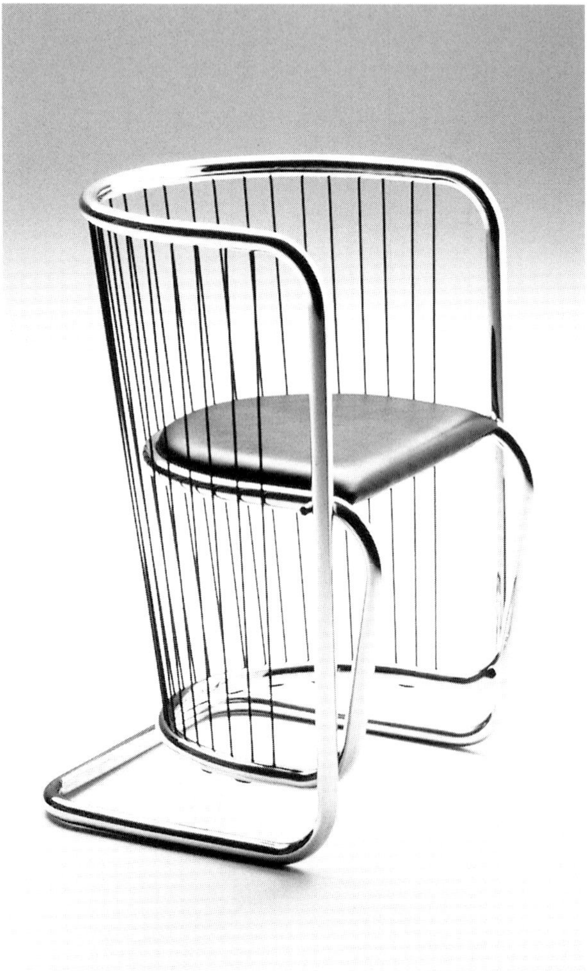

リラ
ピエロ・ボットーニ
1929年
W50×D49×H72×SH47
Zanotta／ノバ大島
LIRA
Piero Bottoni

オリジナルは1929年トーネット社で試作、86年ザノッタ社で復刻された。

バルセロナチェア／ミース・ファン・デル・ローエ／1929年
BARCELONA／Mies van der Rohe

シェーズロング／ル・コルビュジエ／1928－29年
CHAISE LONGUE／Le Corbusier

エル・シー7／ル・コルビュジエ／1929年
LC-7／Le Corbusier

ワシリーチェア／マルセル・ブロイアー／1925年
WASSILY／Marcel Breuer

# インターナショナル・モダン

## International Modern

モダン・デザインの源流は、第一次大戦後の1919年ドイツのワイマールにおいて、ワルター・グロピウスによって創立された〈バウハウス〉にあるといっても過言ではない。“芸術と技術の新しい統一”を指導理念とした教育は、1907年ミュンヘンで結成された〈ドイツ工作連盟〉の“ザッハリヒカイト（即物性）”とアドルフ・ロースの“装飾は罪悪”との理念を継承し、モダン・デザインの基本的指針となる“機能的形態と量産化のための構造”の追求を行った。

〈バウハウス〉関係の建築家やデザイナーには、同校の教授でドイツ工作連盟のメンバー、マルト・スタム、第1期生で「チェスカチェア」や「ワシリーチェア」で知られるマルセル・ブロイアー、第3代の同校校長で「バルセロナチェア」や「ブルーノチェア」で知られるミース・ファン・デル・ローエらがいる。

フランスでは〈アール・デコ〉が全盛の中、世界的建築家ル・コルビュジエは、1920年〈エスプリ・ヌーボー〉を創始、〈ピュリズム（純粋主義）〉をコンセプトとした機能主義を追求、1927年“近代建築の五原則”を発表し、椅子では「スリングチェア」「シェーズロング」など数多くの名作を残した。

1930年前後の合理主義運動〈ラショナリズム〉に端を発したイタリアのモダニズムは、戦後の復興期を経て、50年代にその第一次黄金期を迎えている。30年代を代表する建築家には、合理主義建築の旗手ガブリエーレ・ムッキ、50年代を代表する建築家には“イタリア近代建築運動の父”と称されるジオ・ポンティ、“イタリア工業デザインの父”マルコ・ザヌーソなどがいる。

他方、イギリスではアール・デコ風のインテリアと優雅な鋼管椅子で知られるアイリーン・グレイが、同国の30年代を代表するデザイナーとして活躍した。

# マルト・スタム

## Mart Stam

1899年オランダ生まれの建築家。1926年ドイツ工作連盟の“ヴァイセンホーフ・ジードルング展”でカンティレバーの椅子「S-33」を発表。28年バウハウスの教授となり、以降オランダ、ドイツ、ロシアの各地で活動した。1986年没。

### S-32

マルト・スタム
1927年
W45×D57×H80×SH44
Thonet／アイデック
S-32
Mart Stam

マルセル・ブロイアーの「チェスカチェア」より1年早くデザインされた。チェスカより小型で、背のパイプがストレートであるのが特徴。オリジナルはドイツ工作連盟の“ヴァイセンホーフ・ジードルング展”に発表され、試作品がロンドンのビクトリア＆アルバート美術館に収められている。

# ミース・ファン・デル・ローエ

## Mies van der Rohe

1886年ドイツのアーヘンに生まれ、1908年ペーター・ベーレンスの事務所へ入所、11年事務所を設立して独立。26—32年までドイツ工作連盟副委員長を勤め、30—33年までデッサウのバウハウスの校長となった。37年ナチスに追われ渡米、イリノイ工科大学建築学部長に就任した。代表的建築物にはバルセロナ万国博の「ドイツ・パビリオン」(29年)、ニューヨークの「シーグラム・ビル」(58年) など、特に家具では「MRチェア」「バルセロナチェア」「ブルーノチェア」などの名作を残した。1969年没。

**チューブラチェア**

ミース・ファン・デル・ローエ
1927年
W56×D59×H83×SH44
Knoll／ノール・インターナショナル・ジャパン
TUBULAR
Mies van der Rohe

ステンレススチール
オリジナルはチューゲントハット邸の寝室用にデザインされた。スチールパイプのものは同邸のダイニング用にデザインしたもの。

MRチェア S-533RF

ミース・ファン・デル・ローエ
1927年
W56×D84×H84×SH44
Thonet／アイデック
MR CHAIR S-533RF
Mies van der Rohe

スチールパイプ、ラタンバスケット編み
スチールパイプによるカンティレバーの古典としてよく知られている。

チューゲントハット

ミース・ファン・デル・ローエ
1929年
W76×D69×H83×SH40
Knoll／ノール・インターナショナル・ジャパン
TUGENDHAT
Mies van der Rohe

ステンレススチール、ウレタンフォーム牛革張り
アームに皮パットがつく特注品もある。オリジナルはチェコのチューゲントハット邸用にデザインしたもの。

## バルセロナチェア

ミース・ファン・デル・ローエ
1929年
W75×D75×H75×SH42
W59×D62×H39（スツール）
Knoll／ノール・インターナショナル・ジャパン
BARCELONA
Mies van der Rohe

ステンレススチール、皮革張り
ミースの代表作のひとつ。オリジナルはバルセロナ万国博覧会（1929年）のドイツ館のためにデザインしたもので、白の山羊革が張られていた。デザインソースは古代ローマ執政官のハサミ型椅子「セラ・クルリス」という。ニューヨーク近代美術館永久展示品。

## ブルーノチェア

ミース・ファン・デル・ローエ
1930年
W59×D57×H77×SH43
Knoll／ノール・インターナショナル・ジャパン
BRNO
Mies van der Rohe

ステンレススチールバー、皮革張り
チェコスロバキアのブルーノに建築されたチューゲントハット邸のためにデザインされた。アール・デコの影響が感じられるフォルムで、20世紀カンティレバーチェアの名作と評される。

# ル・コルビュジエ

# Le Corbusier

1887年スイスに生まれ、ラ・ショード・フォンの美術学校を卒業後、1905年より各地の建築家に師事、特にA.ペレとP.ベーレンスの指導のもとで働く。17年パリに定住、オザンファンとともに〈ピュリズム（純粋主義）〉運動を始め、〈エスプリ・ヌーボー〉を創始した。“住むための機械”という機能主義宣言で、当時の建築界に大きな影響を与えた。超高層建築から都市開発まで広い分野で活動、特にアテネ憲章の発案にも携わっている。代表的作品には「ロンシャン礼拝堂」（55年）、「ラ・トゥーレット修道院」（60年）、「サヴォア邸」（29年）など。特に椅子では、従弟のピエール・ジャンヌレとシャルロット・ペリアンとの協力による「スリングチェア」や「シェーズロング」などが有名。1965年没。

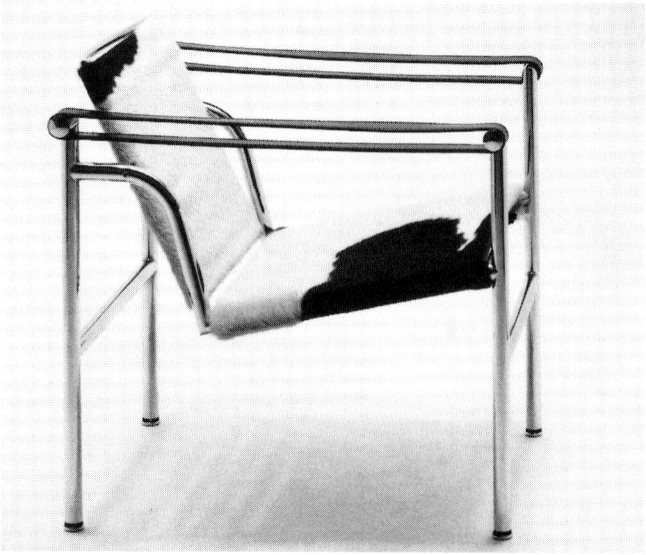

スリングチェア

ル・コルビュジエ
1928—29年
W60×D65×H64×SH40
Cassina／カッシーナ・イクスシー青山本店
SLING
Le Corbusier

スチールパイプ、厚革
コルビュジエとペリアンの共同デザインで、“B301”とも“バスキュラントチェア”ともいう。オリジナルはトーネット社、1965年からはカッシーナ社で復刻。現在のものは59年、コルビュジエとハイディー・ベバーによって修正されたもの。ニューヨーク近代美術館永久展示品。

### シェーズロング

ル・コルビュジエ
1928—29年
W56×D160
Cassina／カッシーナ・イクスシー青山本店
CHAISE LONGUE
Le Corbusier

スチールパイプ、平鋼、皮革
ペリアンとコルビュジエ、ジャンヌレの共同製作によるデザインで、"LC-4"とも"カーボイチェア"とも呼ばれている。オリジナルはトーネット社で製造、"サロン・ドートンヌ"で発表されたもの。H型の脚部を移動させせることで傾斜が調整できる。1965年よりカッシーナ社で復刻。ニューヨーク近代美術館永久展示品。

### エル・シー2

ル・コルビュジエ
1928年
W76×D70×H67×SH43
Cassina／カッシーナ・イクスシー青山本店
LC-2
Le Corbusier

コルビュジエ，ペリアン、ジャンヌレによるデザインで、"グラン・コンフォール"ともいう。同タイプにはW130の二人掛けとW180の三人掛けがある。ニューヨーク近代美術館永久展示品。

## エル・シー7

ル・コルビュジエ
1929年
W62×D55×H73×SH50
Cassina／カッシーナ・イクスシー青山本店
LC-7
Le Corbusier

スチールパイプ、革張り
コルビュジエ，ペリアン、ジャンヌレの共同デザインによるオリジナルは、パリのサロン・ドートンヌに出品されたもの。ニューヨーク近代美術館永久展示品。

# マルセル・ブロイアー

## Marcel Breuer

1902年ハンガリーに生まれ、20年ウィーン芸術アカデミーで絵画を学び、ワイマールのバウハウスの第1期生として入学。24年以降はバウハウスで家具の指導を担当、28年ベルリンで建築事務所を開設。33年ロンドンを経て、37年グロピウスの招きでアメリカ・マサチューセッツのケンブリッジに渡り、41年まで共同で活動、46年までハーバード大学建築学部で教鞭をとった。代表的作品には、パリの「ユネスコ・ビル」(58年)、ニューヨークの「ホイットニー美術館」(66年) など。形態の機能性と量産化による経済性の追求で、そのデザインは簡潔で軽快なプロポーションである。家具デザインの多くは今日でも愛用者が多い。1981年没。

**ワシリーチェア**

マルセル・ブロイアー
1925年
W79×D70×H73×SH45
Knoll／ノール・インターナショナル・ジャパン
WASSILY
Marcel Breuer

スチールパイプ、皮革張り
バウハウスの教授ワシリー・カンディンスキーのためにデザインしたもの。造形面では〈デ・スティル〉の影響がみられる。1928年から「チェスカチェア」とともにトーネット社で製作、現在はノール社ほかで生産されている。“クラブチェア”とも呼ばれ、世界初の鋼管製の椅子として知られている。

### チェスカチェア

マルセル・ブロイアー
1928年
W47×D60×H78×SH43
Knoll／ノール・インターナショナル・ジャパン
CESCA
Marcel Breuer

マルト・スタムのものと比べ、大型で背のパイプが後ろに曲り、座面の位置が少し異なっている。1969年よりノール社で製作している。ブロイアーの娘フランチェスカが椅子の名の由来という。ニューヨーク近代美術館永久展示品。

### ラウンジチェア

マルセル・ブロイアー
1932年
W63×D79×H79×SH40
Thonet／アイデック
S-411
Marcel Breuer

スチールパイプ、皮革または布張り同タイプにはW1160の二人掛けソファがある。

S-35R

マルセル・ブロイアー
1930年
W65×D83×H84×SH36
Thonet／アイデック
S-35R
Marcel Breuer

スチールパイプ、ラタンバスケット編み

# ハンス・ルックハルト

# Hans Luckhardt

1890年ドイツに生まれ、カールスルーエ工科大学を卒業後、建築家として活動。家具デザインは、曲木とスチールパイプを素材にした美しい曲線のものが多く、それがデザインの特徴となっている。1954年没。

**S36P**

ハンス・ルックハルト
1931年
W53×D60×H87×SH47
Thonet／アイデック
S36P
Hans Luckhardt

スチールパイプ、ウレタンフォーム布張り
1984年トーネット社において復刻、オリジナルは31年デスタ社において製作された。流線型のフォルムには、幾何学的なバウハウスのデザインにはない優雅さがある。

# アイリーン・グレイ

## Eileen Gray

1878年アイルランドに生まれ、98—1902年までロンドンのスレイド美術学校とパリのコラロッシアカデミーで絵画を学ぶ。ロンドンを経て18年パリに渡り、22年インテリアと家具の事務所を設立して活動。代表作には、建築家バドヴィッチとの「E-1027, 海辺の家」（27年）がある。アール・デコ風のインテリアと優雅な鋼管家具でよく知られている。1976年没。

**ロクエブリューン**

アイリーン・グレイ
1932年
W45×D55×H80×SH47
Classi Con／インター・オフィス
ROQUEBRUNE
Eileen Gray

ビベンダム
アイリーン・グレイ
1929年
W90×D83×H73×SH41
Classi Con／インター・オフィス
BIBENDUM
Eileen Gray

オリジナルはパリのブティックオーナー、マダム・マシュウレヴィのためにデザインしたもの。

アクシア
アイリーン・グレイ
1928年
W40×D52×H83×SH48
Classi Con／インター・オフィス
AIXIA
Eileen Gray

ノンコンフォルミスト
アイリーン・グレイ
1926年
W57×D63×H78×SH45
Classi Con／インター・オフィス
NON CONFORMIST
Eileen Gray

スチール、ウレタンフォーム、皮革張り
“非同調者”と呼ばれているこの椅子は、自由な動作に対応できるように、片方だけに肘がついている。

# ガブリエレ・ムッキ

## Gabriele Mucchi

1899年イタリアに生まれ、1934年まで画家として活動、〈コレンテ（潮流）〉グループを設立、建築の仕事にも携わる。〈ラショナリズム（合理主義）〉建築と〈アリスタ（現実主義）〉芸術に創作と理論を発表、54年以降は絵画に専念。84年、フンボルト大学で名誉学位を受けた。



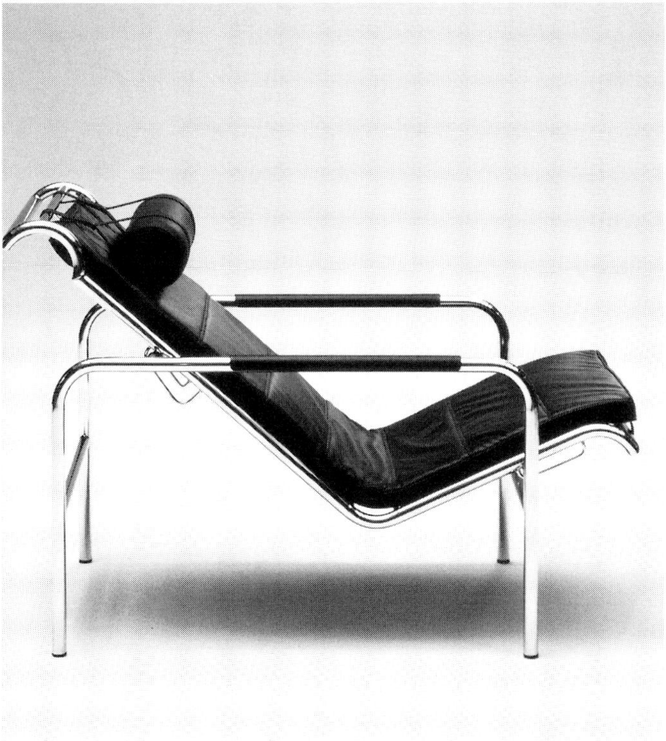

**ジェンニ**

ガブリエレ・ムッキ
1935年
W57×D109×H76×SH41
Zanotta／ノバ大島
GENNI
Gabriele Mucchi

オリジナルは1935年トーネット社によりラタン張りで試作され、82年ザノッタ社により復刻された。

# ハンス・コレー

## Hans Coray

1906年スイスのチューリヒに生まれ、29年大学を卒業後、中学校の教師となり、デザイン教育に携わり、特に金属工芸のデザインを担当。45年からデザイナー、美術商として活動、83年チューリヒで個展を開催した。

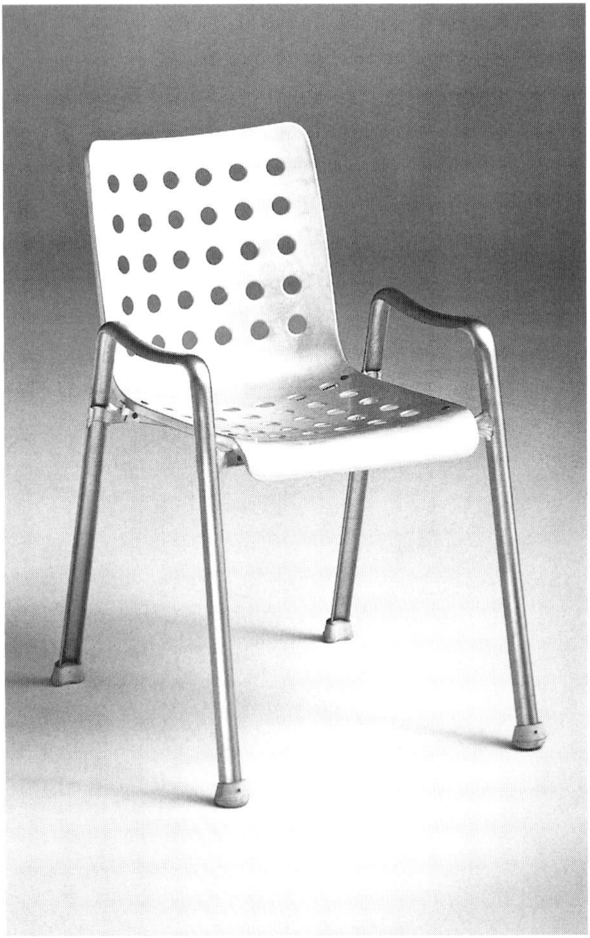

**スパルターナ**
ハンス・コレー
1938年
W54×D65×H76×SH43
Zanotta／ノバ大島
SPARTANA
Hans Coray

スタッキング式
1938年のスイス国内博で公式屋外用椅子として採用される。オールアルミの形態は当時話題となった。オリジナルは“ランディ”といい、穴は数が7列で91個あったが、71年ザノッタ社において復刻されたものは穴数が少なくなっている。

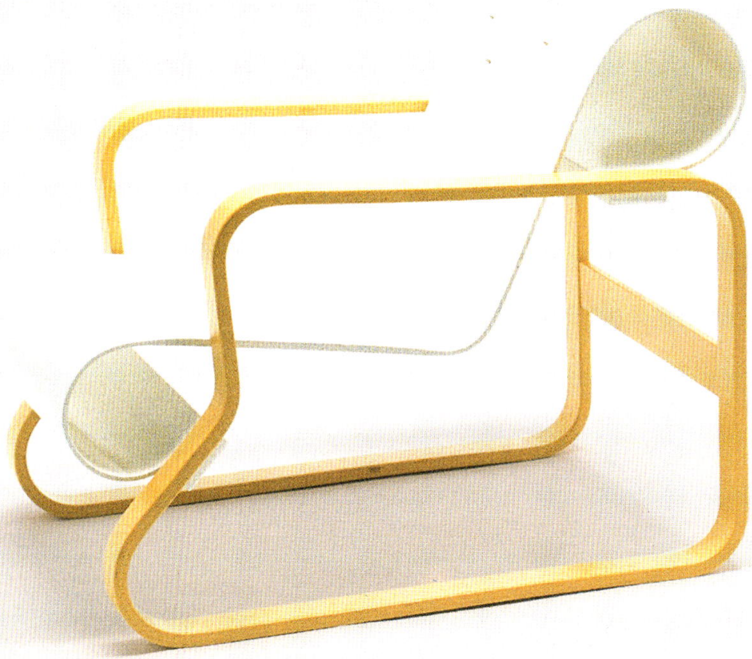

パイミオチェア／アルヴァー・アアルト／1929−31年
PAIMIO-41／Alvar Aalto

イェーテボリ／エリック・グンナール・アスプルンド／1937年
GOTEBORG-1／Erik Gunnar Asplund

ワイチェア／ハンス・J.ウェーグナー／1950年
Y CHAIR／Hans J. Wegner

エッグチェア／アルネ・ヤコブセン／1958年
EGG-3317／Arne Jacobsen

# スカンジナビアン・モダン
## Scandinavian Modern

北欧（スカンジナビア）におけるモダン・デザインは、他のヨーロッパやアメリカにおける無機質な機能主義モダンに対し、自然素材と職人の技術を生かした独自の有機的モダンである。

北欧モダン・デザインは、素材のもつ親しみやすさと洗練された造形美で、世界に高く評価され、1930年代後半世界的ブームを起こし、第一次の黄金期を迎えている。同時期を代表する建築家、デザイナーには、デンマークでは職人の技能を生かし、家具に人間工学的考察を導入したコーア・クリント、「MKチェア」のモーエンス・コッホ、スウェーデンでは「イェーテボリ」のエリック・グンナール・アスプルンド、積層成型の椅子で知られるブルーノ・マトソン、フィンランドでは「パイミオチェア」のアルヴァー・アアルトらがいる。

北欧モダン・デザインはその後、戦中戦後の中断期を経て、50年代デンマークを中心とする第二次の黄金期を迎えた。同時期に活躍したのは、「エジプシャンチェア」のフィン・ユール、“椅子の巨匠”と呼ばれるハンス・J.ウェーグナー、スチールを用いた椅子で知られるポール・ケヤホルム、プライウッド（合板）の「アリンコ」や「エッグチェア」で有名なアルネ・ヤコブセン、「V-Pランプ」で知られるヴァーナー・パントンなどである。

他方、スウェーデンでは、70年代から80年代にかけて、若手のデザイナーを中心としたカジュアルな〈スウェディッシュ・モダン〉が隆盛を迎えている。特にデンマークでは同時期、第三世代のヨハネス・フォーサムらによる第三次〈デーニッシュ・モダン〉が興隆したが、詳しくは〈ニューウェーブ〉の項で述べる。

# アルヴァー・アアルト

## Alvar Aalto

1898年フィンランドに生まれ、1921年ヘルシンキ工科大学を卒業後、27年トゥルクで建築事務所、30年代半ばにアルテック社を設立。40年渡米、ケンブリッジのマサチューセッツ工科大学建築学部の教授となる。48年帰国、フィンランドで200件を越す建築の設計に携わった。代表的建築物には「パイミオのサナトリウム」(28年)、「ニューヨーク万博のフィンランド館」(39年) などがある。フィンランドのモダニズム建築家で、20世紀最大の建築家の一人。1976年没。

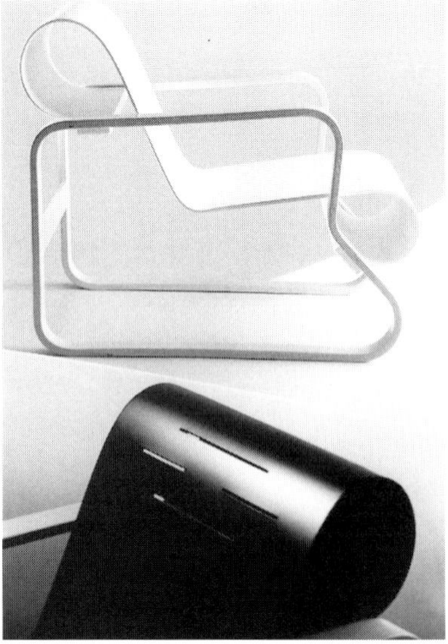

**パイミオチェア**

アルヴァー・アアルト
1929—31年
W61×D50×H68×SH29
Artek／ビームス・ジャパン
PAIMIO-41
Alvar Aalto

カバ積層成型合板
名称は、アアルトがパイミオのサナトリウムのデザインを行っている時期に発表されたことに由来する。1935年以降、アルテック社で生産されている。ニューヨーク近代美術館永久展示品。

**ハイスツール**

アルヴァー・アアルト
1933—35年
W38×D40×H70×SH60 (65・右)
W52×D52×SH65 (64・左)
Artek／ビームス・ジャパン
K65、64
Alvar Aalto

カバ積層成型合板
同シリーズには、スタンダードタイプのスツール「E60 (φ38×H44)」がある。オリジナルは、3本脚でロシアのヴィープリ市立図書館のためにデザインされている。

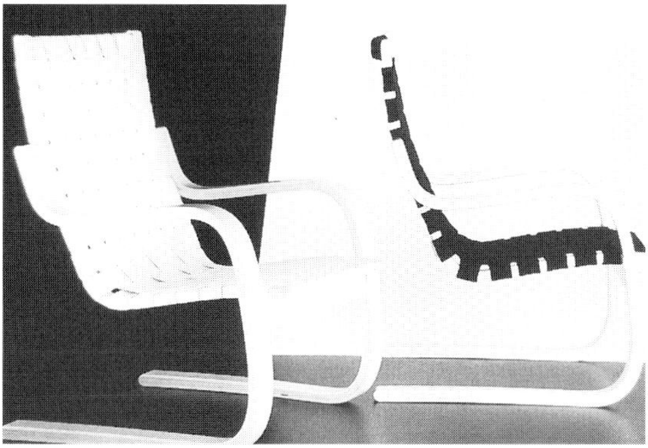

### アームチェア

アルヴァー・アアルト
1938—39年
W60×D72×H87×SH41
Artek／ビームス・ジャパン
ARM CHAIR-406
Alvar Aalto

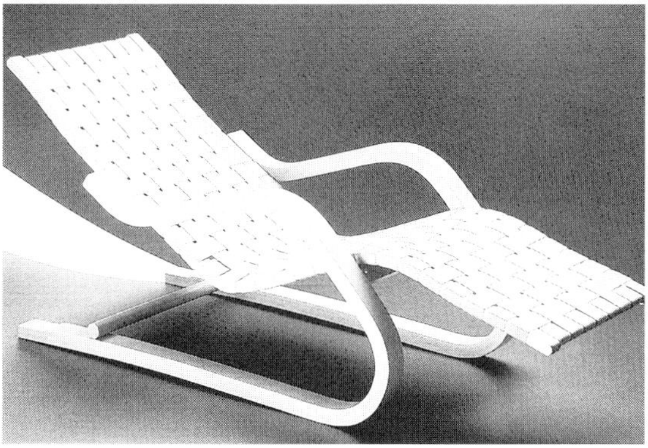

### シェーズロング

アルヴァー・アアルト
1936—37年
W164×H70×SH41
Artek／ビームス・ジャパン
CHAISE LONGUE-43
Alvar Aalto

カバ材の積層、シート編み
1937年のパリ万国博のフィンランド館に出展されたもの。

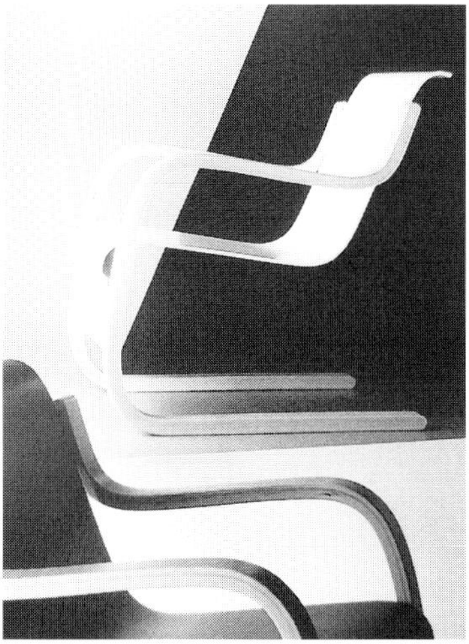

### カンティレバー42

アルヴァー・アアルト
1931—32年
W60×D75×H72×SH36
Artek／ビームス・ジャパン
No.42
Alvar Aalto

# モーエンス・コッホ

# Mogens Koch

1898年デンマークに生まれ、1921年王立美術大学建築科を卒業後、カール・ピーターセン、コーア・クリントとともに働き、34年事務所を設立し独立した。39年から母校の建築科で教鞭をとりながら、ルドルフ・ラスムセン社やインテルナ社の家具デザインを担当した。ハンセン賞(63年)、クラシック賞(90年)など受賞も多い。1992年没。

### MKチェア

モーエンス・コッホ
1932年
W56×D56×H87×SH45
Rudlf Rasmussens／リビングデザインセンター・ノルディックフォルム
MK
Mogens Koch

ブナ材、コットン、コードバン革、フォールディングチェア
1960年インテルナ社で復刻、商品化された。現在はルドルフ・ラスムセン社で生産している。デザインソースはコーア・クリントの「サファリーチェア」という。

# コーア・クリント

## Kaare Klint

1888年デンマークに生まれ、王立美術大学建築科を卒業後、画家として活動。1922年から建築、特に家具デザインの分野で、人体寸法と生活道具の分析から標準寸法を確立した。24年母校の家具科の教授となり、“デンマーク近代家具デザインの父”と呼ばれた。エッカースベアー賞(28年)、ハンセン賞(54年)など受賞も多い。1954年没。

サファリーチェア

コーア・クリント
1933年
W57×D57×H80×SH33
Rudlf Rasmussens／リビングデザインセンター・ノルディックフォルム
SAFARI
Kaare Klint

アッシュ、麻布
デザインソースはイギリスのインド派遣軍が使用した将校用の組立て椅子という。同タイプの組立て式は多くのデザイナーが手がけている。写真の椅子は、クリントの折畳み式「サファリーチェア」をもとに、ルドルフ・ラスムセン社が製作したもの。

# エリック・グンナール・アスプルンド

## Erik Gunnar Asplund

1885年スウェーデンのストックホルムに生まれ、1909年大学を卒業後、建築、インテリアの分野で活動。ネオ・クラシシズムから独自のモダン・ムーブメントを創造、20世紀初頭のスカンジナビアンデザインの中心的な役割を担った。代表的建築物には「森の火葬場」「イェーテボリ市庁舎」などがある。1940年没。

**イェーテボリ**

エリック・グンナール・アスプルンド
1937年
W40×D52×H80×SH45
Cassina／カッシーナ・イクスシー青山本店
GOTEBORG-1
Erik Gunnar Asplund

オリジナルはイェーテボリ市庁舎のためにデザインしたもの。独特のフォルムには、クラシックとモダンのエクレクティブ（折衷）なイメージが感じられる。

# フィン・ユール

## Finn Juhl

1912年デンマークに生まれ、34年王立美術大学建築科を卒業後、ヴィルヘルム・ラウリトセンの設計事務所に勤め、45年独立。その年から55年までフレデリクスベアー工業専門学校で教鞭をとる。65年にはシカゴデザイン研究所の客員教授となった。形態のユニークさとディテールの美しさで“家具の彫刻家”と評されている。ハンセン賞(44年)、ミラノ・トリエンナーレ・グランプリ金賞(64年)など受賞も多い。1989年没。

**イージーチェア**
フィン・ユール
1945年
W69×D73×H84
Niels Roth Andersen/リビングデザインセンター・ノルディックフォルム
EASY-No.45
Finn Juhl

マホガニーまたはチーク、皮革張り
オリジナルは名匠ニールス・ヴォッター（指物師）により製作されている。シャープな曲線で“世界で最も美しい肘をもつ椅子”と評されている。

**エジプシャンチェア**
フィン・ユール
1949年
W103×D91×H94×SH35
Niels Roth Andersen/リビングデザインセンター・ノルディックフォルム
EGYPTIAN
Finn Juhl

オリジナルはニールス・ヴォッターにより、78脚しか製作されていないという。彫刻を思わせるフォルムは独特のもの。デンマーク国王に気に入られたため“チーフティンチェア”の名がついている。フィン・ユールの代表作。

# ハンス・J.ウェーグナー

## Hans J.Wegner

1914年デンマークのトゥナーに生まれ、14歳で家具見習い職人となり、22歳のときコペンハーゲンのデンマーク工芸学院で家具デザインを学ぶ。38年アルネ・ヤコブセンのアトリエで働き、43年工房を設立し独立、46年より母校の教授に就任した。スカンジナビアン・モダンを代表する“椅子の巨匠”として世界的に知られている。作品の多くはニューヨーク近代美術館、メトロポリタン美術館などで永久展示品になっている。ミラノ・トリエンナーレ・グランプリ、ロンドン英国王立工業デザイナー賞、アメリカインテリアデザイナー協会国際デザイン賞など受賞も数多い。84年デンマークのクイーンによりナイトの称号を贈られた。95年、トゥナーにウェーグナー美術館がオープンした。

**チャイニーズチェア**
ハンス・J.ウェーグナー
1943—47年
W55×D55×H82×SH45
P.P.モブラー／リビングデザインセンター・ノルディックフォルム
CHINESE
Hans J.Wegner

デザインソースは中国明時代の椅子で、1943年以降9種類以上のデザインが試みられている。45年以降フリッツ・ハンセン社でも製造している。

**ピーコックチェア**
ハンス・J.ウェーグナー
1947年
W76×D76×H104×SH36
P.P.モブラー／リビングデザインセンター・ノルディックフォルム
PEACOCK
Hans J.Wegner

アッシュ材、肘チーク材、ペーパーコード張り
その形状から“アローチェア”(Arrow)とも呼ばれ、ウェーグナーの代表作品として世界的に有名。デザインツールはイギリスの「ウインザーチェア」、ピーコックチェアと名づけたのはフィン・ユールという。

## ワイチェア

ハンス・J.ウェーグナー
1950年
W55×D52×H73×SH42
Car Hansen／リビングデザインセンター・ノルディックフォルム
Y CHAIR
Hans J.Wegner

ビーチ材（チーク材もある）
“デコラティブチェア”（Decorative）ともいい、7種類の材質や仕上げのバリエーションがある。デザインツールは「チャイニーズチェア」で、Y形の背当てから「Y CHAIR」と名づけられた。

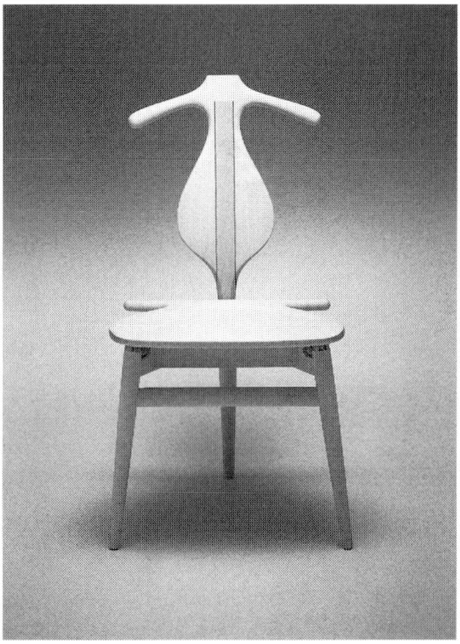

## バチェラーズチェア

ハンス・J.ウェーグナー
1953年
W50×D53×H95×SH43
P.P.モブラー／リビングデザインセンター・ノルディックフォルム
BACHELORS
Hans J.Wegner

従者の意から“バレットチェア”（Valet）ともいう。背はハンガー、座板を上に起こすとズボン掛け、座面内は小物入れとなる独身者（バチェラーズ）用の椅子。

## ジ・オックス

ハンス・J.ウェーグナー
1960年
W99×D99×H90×SH36
Erik.Jørgensen／ヤマギワ
THE OX
Hans J.Wegner

ヘッドのウイング（翼）が特徴的な“雄牛”と名づけられた安楽椅子。ウェーグナーの代表作のひとつ。

# ブルーノ・マトソン

## Bruno Mathsson

1907年スウェーデンに生まれ、父のカール・マトソンの家具工場で技術修得後、ベルナモに事務所を設立。36年イェーテボリのレースカ工芸美術館で作品を発表、39年のニューヨーク万博に出品するなど、国内外の展覧会で名を成した。グレゴール・パールソン賞（55年）、スカンジナビア・デザイン賞（74年）など受賞も多い。81年にはスウェーデン政府よりプロフェッサーの称号を受けた。1988年没。

**ハイバックT-102**

ブルーノ・マトソン
1934年
Firma Kavl Mathsson／リビングデザインセンター・ノルディックフォルム
T-102
Bruno Mathsson

ブナ材積層成型、ヘンプウェービング
"椅子の製作には座り心地よさと芸術性がこめられていなければならない"（ブルーノ・マトソン）。有機的フォルムは、スウェディッシュ・モダンを代表するスタイルである。

**MA-551**

ブルーノ・マトソン
1976年
W62×D75×H67×SH36
天童木工
MA-551
Bruno Mathsson

日本の住宅と生活様式、体型に合わせたデザインで、畳の上でも使えるように工夫されている。

# ボーエ・モーエンセン

## Borge Mogensen

1914年デンマークに生まれ、42年王立美術大学を卒業後、50年まで生活協同組合の家具部門主任として活動、45年から母校の家具科で指導にあたる。50年デザイン事務所を開設した。エッカースベアー賞（50年）、デンマーク家具賞（71年）など受賞も多い。1972年没。

**スパニッシュチェア**

ボーエ・モーエンセン
1959年
W83×D62×H68×SH37
Fredericia／リビングデザインセンター・ノルディックフォルム
SPANISH
Borge Mogensen

オーク、コードバン革張り
厚革のベルト締め、スペイン風のフォルムで、荒削りの木部が力強さを感じさせる。

# ポウル・ケヤホルム

## Poul Kjaerholm

1929年デンマークのオスターヴラに生まれ、52年王立美術大学を卒業後、フリッツ・ハンセン社へ入社。72年母校の教授に就任し、76—80年同大学の学長となった。ミラノ・トリエンナーレ・グランプリ（60年）、ルーニング賞（72年）など受賞も多い。E.コルド・クリステンヤン社と共同による名作が多く、スチールを素材としたインターナショナルなスタイルでデーニッシュデザインにない特徴がある。1980年没。

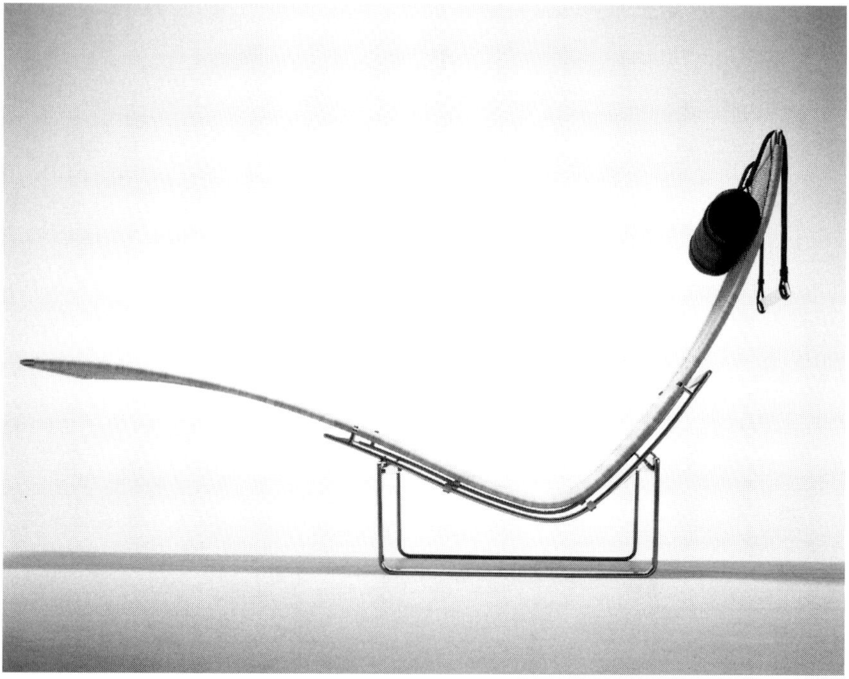

**ハンモックチェア**

ポウル・ケヤホルム
1965年
W67×D155×H87×SH40
Fritz Hansen／リビングデザインセンター・ノルディックフォルム
PK-21
Poul Kjaerholm

ステンレススチール、ラタン張り
シャープで優雅なフォルムが印象的。パリ装飾美術館永久展示品。

### アームチェア

ポウル・ケヤホルム
1957年
W64×D45×H65×SH41
Fritz Hansen／ヤマギワ
PK-11
Poul Kjaerholm

スチール、革張り、背：アッシュ集成材

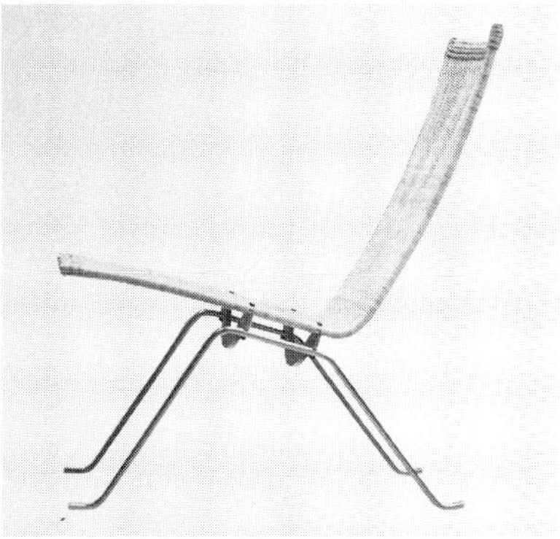

### ピーケー22チェア

ポウル・ケヤホルム
1955年
W63×D67×H71×SH35
Fritz Hansen／ヤマギワ
PK-22
Poul Kjaerholm

スチールクローム仕上げ、ラタン張り
「PKチェア」には背座を革張りにしたものもある。ミース・ファン・デル・ローエの「バルセロナチェア」を意識してデザインしたもので、脚部をノックダウン構造に工夫している。オリジナルはキャンバス地張りで、寸法も少し異なる。

### フォールディングスツール

ポウル・ケヤホルム
1961年
W60×D45×SH38
Fritz Hansen／リビングデザインセンター・ノルディックフォルム
FOLDING・PK-91
Poul Kjaerholm

デンマークの三大名作スツールのひとつ。細いスチールで、無駄のないフォルムと機能美を極めたスタイルとして評価が高い。

# アルネ・ヤコブセン

## Arne Jacobsen

1902年デンマークのコペンハーゲンに生まれ、27年王立美術大学建築科卒業後、30年までパウル・ホルセー建築事務所で働き、独立後はデンマーク機能主義建築運動の旗手として多くの建築を設計、同時に家具デザイナーとして多くの名作を残している。56—65年王立美術大学の教授となった。国際建築賞グランプリ（62年)、デンマーク建築家協会名誉賞（62年）など受賞も多い。1971年没。

### アンツチェア

アルネ・ヤコブセン
1951年
W51×D51×H77×SH44
Fritz Hansen／ヤマギワ
The ANT-No.3100
Arne Jacobsen

スチールパイプ、成型合板
コペンハーゲンの製薬会社の食堂用にデザインしたもので、オリジナルは3本脚、4本脚はアメリカへの輸出向けから製造。形が蟻に似ているいるため“アリンコ”と呼ばれている。デンマーク初の成型量産スタッキングチェアで、デンマークのロングセラー賞（IDクラシック賞）を受賞。日本で販売されているのは4本脚が多い。

### セブンチェア

アルネ・ヤコブセン
1955年
W50×D52×H78×SH44
Fritz Hansen／ヤマギワ
No.3107
Arne Jacobsen

スチールパイプ、成型合板
“セブンチェア”の愛称で知られている。背と座を1枚の半円形型のプライウッド（合板）でデザインした作品で、最も視覚的に完成されたものとして評価が高い。

## エッグチェア

アルネ・ヤコブセン
1958年
W86×D79×H107×SH37
Fritz Hansen／ヤマギワ
EGG-3317
Arne Jacobsen

硬質発泡ウレタン成型、アルミ脚
オリジナルはスカンジナビア航空（SAS）のロイヤルホテルのためにデザインしたもの。硬質発泡ウレタンを初めて用いた有機的形態は従来の家具にない新鮮なフォルムで、20世紀を代表する椅子のひとつと評価されている。

## スワンチェア

アルネ・ヤコブセン
W74×D68×H75×SH38
Fritz Hansen／ヤマギワ
SWAN
Arne Jacobsen

ウィーン第2回国際コンペ銀賞受賞作品。水鳥に似た形から「スワン」とネーミングされた。オリジナルは「エッグ」と同様、スカンジナビア航空（SAS）のロイヤルホテルのためにデザインしたもの。

## セリエ

アルネ・ヤコブセン
1958年
W73×D78×H72×SH36
Fritz Hansen／ヤマギワ
SERIES-3300
Arne Jacobsen

スカンジナビア航空（SAS）のロイヤルホテルのためにデザインしたもの。

# ヴァーナー・パントン

# Verner Panton

1926年デンマークに生まれ、コペンハーゲン王立美術大学を卒業後、52年までアルネ・ヤコブセンの事務所で働き、55年事務所を開設。家具、照明器具、カーテン、カーペットなどの広い分野でデザイン活動を行う。特に照明器具では、アクリル羽根の「V-Pランプ」が有名。コペンハーゲンP.H賞（67年）、アメリカ国際デザイン賞（68年）など受賞も多い。1998年没。

## パントンチェア

ヴァーナー・パントン
1960年
W50×D55×H85
Vitra／インターオフィス
PANTON
Verner Panton

FRP（ガラス繊維強化プラスチック）の一体成型構造のフォルムで、はじめてのカンティレバー構造のスタッキングチェア。パントンの代表的作品で、1968年にはハーマンミラー社で生産している。

## ザ・コーン

ヴァーナー・パントン
1960年
W74×D62×H76×SH39
Fritz Hansen／ヤマギワ
The CONE
Verner Panton

1点で重さを支える構造を、ワイヤーをスパイラル化することで実現した画期的なデザイン。形状から"V.スパイラル"とも呼ばれている。

## パントンタタミ

ヴァーナー・パントン
W45×D42×H52×SH14
Beaker／リビングデザインセンター・ノルディックフォルム
PANTON TATAMI
Verner Panton

ブナ積層成型合板
1枚の合板を曲げて作ったカンティレバーで、座面のクッション性を考慮している。

イームズラウンジ／チャールズ・イームズ／1956年
EAMES LOUNGE／Charles Eames

ペデスタルチェア／エーロ・サーリネン／1956年
PEDESTAL／Eero Saarinen

アームチェア／ワーレン・プラットナー／1964－66年
ARM CHAIR-1725／Warren Platner

ココナッツ／ジョージ・ネルソン／1955－56年
COCONUT／George Nelson

# アメリカン・モダン

## American Modern

第二次大戦後のモダニズムの潮流は、資本力を背景に高度の工業技術が発達したアメリカに移った。合成樹脂の開発により、新しい造型表現の実現が可能となり、斬新なデザインも多く発表されている。特にそれらのデザインの成立には強化プラスチック(FRP)、合成樹脂、アルミ、ステンレスなどの新素材と、それを処理する高度な技術をもった工場、メーカーの存在が不可欠であった。ノール社やハーマンミラー社は、それらデザイナーの作品を実現させた最も有名なメーカーである。とはいえ、工業生産で大量販売を前提とするモダン・デザインは、必然的に単純でシンプルな構造と形態を必要とし、“シンプルイズモダン”を定着させていった。

アメリカン・モダンを代表するデザイナーには、ハーマンミラー社ではチャールズ・イームズとジョージ・ネルソンがいる。特にチャールズ・イームズによる「イームズラウンジ」は、20世紀最高の傑作として評価されている。また、ノール社では優雅な「ペデスタルチェア」をデザインしたエーロ・サーリネン、スチールロットの「ダイヤモンドチェア」をデザインしたハリー・ベルトイアや、「ワイヤーチェア」で知られるワーレン・プラットナーらがいる。また、機能主義モダン・デザイン全盛の中、木のもつよさを手加工によりそのまま表現したハンディクラフトマンのジョージ・ナカシマの存在も忘れることはできない。

# ジャン・リソム

# Jens Risom

1916年デンマークに生まれ、コペンハーゲン大学を卒業後、家具、インテリアデザイナーとして活動、ニューヨークのダン・クーパー社でデザインディレクターを勤めた。ジョージ・ジェンセン社のデザインを担当、41年にはノール社の椅子をデザインした。

**サイドチェア-666C、ラウンジチェア-654LC**

ジャン・リソム
1941年
W44×D46×H79×SH45（666C・右）
W51×D71×H76×SH41（654LC・左）
Knoll／ノール・インターナショナル・ジャパン
666C、654LC
Jens Risom

メープル材、コットンウェビング張り
1997年、ノール社で復刻された。

# チャールズ・イームズ

# Charles Eames

1907年ミズーリ州セントルイスで生まれ、28年ワシントン大学を卒業後、30年セントルイスに建築事務所を開設。サーリネンの事務所を経て、47年ハーマンミラー社のデザインコンサルタントとなる。以降、夫人のレイ・イームズとともにデザイン活動を行い、戦後のアメリカのデザイン界に先駆的な業績を残した。オーガニック・デザインコンペ入賞(40年)、カウフマン国際デザイン賞(60年)など受賞も多い。1978年没。

LCMチェア
チャールズ・イームズ
1945—46年
Herman Miller／ハーマンミラージャパン
LCM Chair
Charles Eames

LCMとはラウンジチェアメタルの略称。ダイニング用のDCMとともに、三次元曲線をもつ成型合板の世界初の量産家具。ニューヨーク近代美術館永久展示品。

ラ・シェーズ
チャールズ&レイ・イームズ
1948年
W150×D90×H87×SH37
Vitra／インター・オフィス
LA CHAISE
Charles & Ray Eames

強化プラスチック（FRP）、丸鋼棒
チャールズが夫人のレイとともに、ニューヨーク近代美術館の国際コンテストに出品した寝椅子で、FRP（ガラス繊維強化プラスチック）を使った最初の椅子として知られる。1990年ヴィトラ社で復刻された。

## LAR-CD

チャールズ・イームズ
1950年
W64×D60×H73×SH37
Herman Miller／ハーマンミラージャパン
LAR-CD
Charles Eames

強化プラスチック（FRP）、スチールロット
オリジナルは、1940年のニューヨーク近代美術館家具コンペで1等になったもの。

## イームズシェルチェア

チャールズ・イームズ
W56×D55×H79×SH44
Herman Miller／ハーマンミラージャパン
EAMES SHELL
Charles Eames

強化プラスチック（FRP）、スチールロット
ワイヤーベースのものは、残念ながら日本では販売されていない。ベースがワイヤーだけのワイヤーチェアは、イームズのいう"有機的形態"の基本型として知られている。

## イームズラウンジ

チャールズ・イームズ
1956年
W86×D84×H83×SH38
Herman Miller／ハーマンミラージャパン
EAMES LOUNGE
Charles Eames

成型合板、皮革張り、アルミ
3枚の半円形状のプライウッド（合板）を使ったラウンジチェア。オリジナルは映画監督のビリー・ワイルダーのためにデザインしたもので、20世紀最高の傑作として評価されている。ニューヨーク近代美術館永久展示品。

# エーロ・サーリネン

## Eero Saarinen

1910年フィンランドのキルコノミーに生まれ、23年渡米、34年イェール大学建築科を卒業後、父エリエールのもとで働き、50年事務所を開設して独立した。「ゼネラルモーターズ技術本部」「TWAターミナルビル」「ダラス空港ビル」などが代表作。家具の分野では、プラスチックシェルモールドの「ウームチェア」やグラスファイバーシェルの「ペデスタルチェア」などが有名。1961年没。

ウームチェア
エーロ・サーリネン
1943年
W102×D86×H90×SH41
Knoll／ノール・インターナショナル・ジャパン
WOMB
Eero Saarinen

強化プラスチック（FRP）、フォームラバー布張り
身体全体を親近感をもって包んでくれる“子宮”空間的フォルムと評された。

## ペデスタルチェア

エーロ・サーリネン
1956年
W49×D54×H81×SH45（アームレス）
W66×D61×H81×SH45（アーム付）
Knoll／ノール・インターナショナル・ジャパン
PEDESTAL
Eero Saarinen

強化プラスチック（FRP）シェル成型、アルミ鋳造脚（台座）
FRPの一体成型ではなく脚部と台座はアルミダイキャストである。チューリップの花弁に似た形状から"チューリップチェア"（Tulip Chair）とも呼ばれる。ニューヨーク近代美術館、メトロポリタン美術館永久展示品。

# ハリー・ベルトイア

## Harry Bertoia

1915年イタリアのサン・ロレンツォに生まれ、30年アメリカへ移住、36年デトロイトのカス工科大学を卒業後、43年までミシガンのクランブルック美術アカデミーで修学後、金属工房を設立した。43年チャールズ・イームズと共働、50年ノール社へ入社、コンサルタントとして勤めながら彫刻活動を行う。アメリカ建築家協会クラフツマンシップメダル受賞。スチールロットシェルの「ダイヤモンドチェア」のシリーズは代表作としてよく知られている。1978年没。

### ダイヤモンドチェア

ハリー・ベルトイア
1952―53年
W85×D71×H77×SH40
Knoll／ノール・インターナショナル・ジャパン
DIAMOND
Harry Bertoia

スチールワイヤー、丸鋼、シートパット付
1957年、同チェアに成型フォームラバーのパットをつけたものがデザインされた。ワイヤーシェル構造のダイヤモンドシリーズは、イームズのアトリエに在籍中に開発したという。ニューヨーク近代美術館永久展示品。

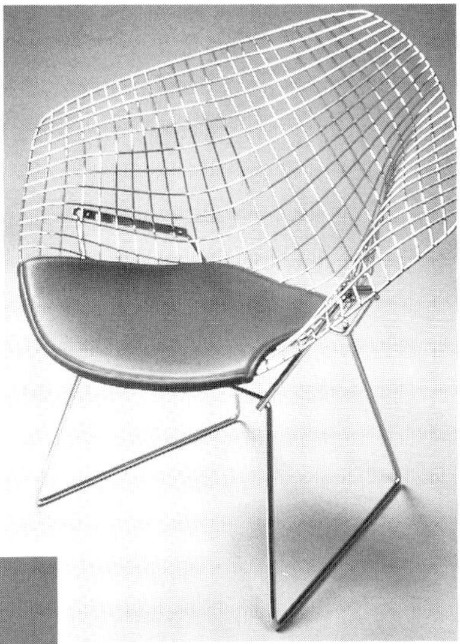

### サイドチェア

ハリー・ベルトイア
1952年
W54×D59×H75×SH43
Knoll／ノール・インターナショナル・ジャパン
SIDE CHAIR
Harry Bertoia

スチール、ラバーパット（成型）
左はスチールワイヤーフレームにフォームラバー入りのカバーをつけたもの。右の白塗りはガーデン用に広く用いられているスモールダイヤモンドチェアの8タイプのひとつ。

# シャルロット・ペリアン

## Charlette Perriand

1903年パリに生まれ、20年パリの装飾美術中央連合会付属美術学校入学、27年以降、ル・コルビュジエ建築設計事務所に10年間勤務。40年日本の商工省（現在の経済産業省）輸出工業指導顧問として招聘される。55年来日、“コルビュジエ、レジェ、ペリアン展”を開催、「エール・フランス東京支社」（59年）、「パリ日本大使館」内装デザインなど坂倉準三と協力、パリ「ユネスコ本部の茶室」デザインを担当、90年に“ペリアン展”のために来日している。

ペリアンチェア
シャルロット・ペリアン
1953年
W44×D52×H64×SH44
天童木工
PERRIAND
Charlette Perriand

ブナ材積層合板、カッター仕上げ
天童木工により1977年復刻された。厚さ14mmの合板を一体成型したスタッキングチェア。オリジナルは三好木工で、黒色。オンブル（影）とネーミングされた。

# チャールズ・ポロック

## Charles Pollock

1930年フィラデルフィアに生まれ、53年プラットインスティテュート工業大学を卒業後、ジョージ・ネルソン事務所を経て、ノール社のデザイン開発グループに参加し活動した。アメリカ建築家協会金賞、シュトゥットガルトデザインセンター賞など受賞も多く、オフィス家具デザインでの評価は高い。

**アームチェア657**

チャールズ・ポロック
1960年
W63×D68×H71×SH41
Knoll／ノール・インターナショナル・ジャパン
ARM CHAIR-657
Charles Pollock

スチールパイプ、アルミニウム、皮革

# ワーレン・プラットナー

## Warren Platner

1919年アメリカに生まれ、コーネル大学建築科を卒業後、エーロ・サーリネン事務所に勤務、ケビン・ローチ＆ジョン・ディンケルー事務所を経て、63年以降、ノール社のデザインを担当している。67年コネチカットでスタジオを開設。アメリカ建築家協会国際大賞を受賞した。

アームチェア
ワーレン・プラットナー
1964―66年
W67×D56×H74×SH48
Knoll／ノール・インターナショナル・ジャパン
ARM CHAIR-1725
Warren Platner

スチールワイヤー、強化プラスチック（FRP）シェル布張り
ワイヤーによるシルエットが優美で"プラットナーライン"と呼ばれている。

# ジョージ・ネルソン

## George Nelson

1908年コネチカット州で生まれ、31年イェール大学を卒業し、ローマのアメリカン・アカデミーに留学。35年帰国後、『アーキテクチュア・フォーラム』誌の編集に携わり、45年ハーマンミラー社のデザインディレクターを勤め、47年ニューヨークで建築デザイン事務所を設立。建築、工業、展示などの幅広い分野で活動した。イタリア建築部門ローマ賞（32年)、アメリカ建築家協会（AIA）名誉賞（79年）などを受賞した。1986年没。

ココナッツ

ジョージ・ネルソン
1955—56年
W105×D85×H80
Herman Miller／ハーマンミラージャパン
COCONUT
George Nelson

アルミ、スチール板、フォームラバー革張り
ネルソンの代表作で、ココナッツの割れ殻をイメージしたものという。オリジナルのシェルはスチール製だが、ハーマンミラー社、現在製造しているヴィトラ社ではFRPで軽量化されている。

マシュマロ

ジョージ・ネルソン
1956年
W132×D77×H80×SH42
Herman Miller／ハーマンミラージャパン
MARSHMALLOW
George Nelson

アルミ、スチール、ビニールクッション
1988—94年まではヴィトラ社で生産された。丸型のクッションが、マシュマロに似ていることから名づけられたという。ポップの到来を予感させる前衛的作品である。

# フローレンス・ノール

## Florence Knoll

1917年アメリカのミシガン州に生まれ、クランブルック美術アカデミー、イリノイ工科大学でミースに師事。46年ハンス・ノールと結婚、デザイン活動を行う。59年ノール社の社長に就任。アメリカ建築家協会（AIA）金賞、オフィスデザイン最優秀賞など受賞も多い。

ラウンジチェア

フローレンス・ノール
1957年
W82×D80×H76×SH42（IP）
Knoll／ノール・インターナショナル・ジャパン
LOUNGE CHAIR
Florence Knoll

スチールパイプ、ウレタンフォーム、布張り
オフィスの応接用に多用されるスタンダードなフォルムには、アカデミックな格調が感じられる。

# ウィリアム・ステファンス

## William Stephens

1932年アメリカに生まれ、55年フィラデルフィア美術大学工学デザイン科を卒業後、55年ノール社のデザイン開発グループに加わる。71年同グループ長に就任、特にステファンスシステムの開発でノール社に大きく貢献した。

ステファンスチェア
ウィリアム・ステファンス
1970年
Knoll／ノール・インターナショナル・ジャパン
STEPHENS
William Stephens

# ポール・タットル

# Paul Tuttle

1918年セントルイスに生まれ、アメリカとスイスでインテリア、家具のデザイン分野で活動。特に素材の独創的な使用で、F.L.ライトやC.イームズに絶賛された。

アルコ
ポール・タットル
W66×D87×H72×SH35
Arco／カッシーナ・イクスシー青山本店
ARCO
Paul Tuttle

スチールソリッド、皮革張り

ゼッタ
ポール・タットル
W68×D87×H78×SH41
I.Dセレクション／カッシーナ・イクスシー青山本店
ZETTA
Paul Tuttle

スチールソリッド、皮革張り

# ジョージ・ナカシマ

## George Nakashima

1905年ワシントン州スポーケン市で生まれ、29年ワシントン大学を卒業後、さらにマサチューセッツ工科大学大学院で建築と林学を学んだ。34年来日し、東京のアントニン・レイモンド事務所に入所し、「軽井沢セントポール教会」などを手がけた。アメリカ建築家協会（AIA）ゴールドメダリストの世界的ハンディクラフトマンであった。木の扱いと精神性の深さは、他の追随を許さないと評価されている。1990年没。

### コノイドCN-101

ジョージ・ナカシマ
1959―60年
W54×D57×H90×SH44
Sakura Factory／ギンザ桜ショップ
KONOEDO
George Nakashima

ウォールナット材、漆塗り（日本のみ）
コノイドには幅、奥行が広く、座面が低いラウンジタイプがある。コノイドとは“円錐”の意、円錐型の屋根をもつ自宅のためにデザインされた。

### ミラチェア

ジョージ・ナカシマ
1950―52年
Sakura Factory／ギンザ桜ショップ
MIRA
George Nakashima

ウォールナット材
愛娘の名からネーミングされた。

アームチェア

ジョージ・ナカシマ
W80×D65×H84×SH34
Sakura Factory／ギンザ桜ショップ
ARM CHAIR CN-103
George Nakashima

ウォールナット材
"私は木から始める"（ジョージ・ナカシマ）。

ベンチCN-108

ジョージ・ナカシマ
W230×D70×H80×SH31（自然材使用のため寸法は不定）
Sakura Factory／ギンザ桜ショップ
BENCH
George Nakashima

ウォールナット材
ナカシマのデザインでセッティングしたシーンの例。日本にも個人的にコレクションしている愛用者が多い。

スーパーレジェラ／ジオ・ポンティ／1949－52年
SUPER LEGGERA／Gio Ponti

メッツァドロ／アキレ・カスティリオーニ／1957年
MEZZADRO／Achille Castiglioni

キャブ／マリオ・ベリーニ／1976−77年
CAB／Mario Bellini

セコンダチェア／マリオ・ボッタ／1982年
SECONDA／Mario Botta

# イタリアン・モダン

## Italian Modern

1930年代の合理主義運動に端を発したイタリアのモダニズムは、第二次大戦後の経済復興後の50年代に第一次黄金期を迎えた。世界的な家具見本市“トリエンナーレ展”が開催され、インテリアの専門誌『ドムス』や『カサベラ』『アビターレ』が発行されるようになったのもこの頃である。当時を代表する建築家には、『ドムス』を創刊し、イタリア合理主義運動を進め“イタリア近代建築運動の父”と評されたジオ・ポンティ、工業デザインのマルコ・ザヌーソのほか、合理主義建築家のフランコ・アルビーニ、イタリア工業デザイン協会を設立し、“イタリアン・デザインの父”と称されるアキレ・カスティリオーニらがいた。

60年代は、アメリカのポップ・アートの影響を受けたイタリアン・ポップ全盛の時期で、ピエロ・ガッティらが袋椅子「サッコ」を、デ・パス、ドゥルビノらが空気椅子「ブロウ」などを発表し、世界の注目を集めた。

70年代は、イタリアン・デザイン〈ヌーボー・イタリアーノ・デザイン〉全盛の時期で、同年後半から80年代に入り、ポスト・モダニズムが到来する。70年代前後に活躍したデザイナーには、アフラ＆トビア・スカルパ夫妻や前述のアキレ・カスティリオーニのほか、ヴィコ・マジストレッティ、〈デザイン・ポヴェロ〉のエンツォ・マリ、ユニークな発想で知られるジョエ・コロンボ、『カサベラ』の編集から舞台装置まで手がけたガエ・アウレンティ、『ドムス』の編集や〈モービル・エンバイロンメント・デザイン〉を発表したマリオ・ベリーニらがいる。同期はイタリアン・モダン第二次黄金期にふさわしく多くのデザイナーが活躍し、数多くの作品を発表、世界のデザイナーに大きな刺激を与えた時期でもある。

# ジオ・ポンティ

# Gio Ponti

1891年イタリアのミラノに生まれ、1920年ミラノ工科大学を卒業後、陶器メーカーのデザイナーとして勤務、27—33年までE.ユーディオ・ポンティ&ランチャを開設して活動。28年には建築雑誌『ドムス』を創刊、イタリア合理主義運動の啓蒙に努めた。57—61年までミラノ工科大学の教授として教鞭をとる。代表的建築物にはヨーロッパ初の超高層ビル「ピレリービル」(58年)、「カルメロ修道院」などがあり、特にイタリア国内ほか、アメリカやカナダでの教会建築でも有名で、コンパッソ・ドーロ・デザイン賞(56年)、ロンドンロイヤルカレッジオブアート賞など受賞も多く、“イタリア近代建築運動の父”として知られている。1976年没。

スーパーレジェラ

ジオ・ポンティ
1949—52年
W41×D47×H83×SH45
Cassina/カッシーナ・イクスシー青山ショップ
SUPER LEGGERA
Gio Ponti

トネリコ材、ラタン張り
椅子の極限を追求した作品として評価が高い。コンパッソ・ドーロ・デザイン賞受賞。名称は超軽量の意味(重量約1.3kg)。デザインソースはキアヴァリ地方の椅子で、オリジナルには黒壇材が用いられた。パリ装飾美術館永久展示品。

ポンティナ

ジオ・ポンティ
1947年
W42×D44×H86×SH45
Zanotta/ノバ大島
PONTINA
Gio Ponti

1989年ザノッタ社で復刻された。

# マルコ・ザヌーソ

# Marco Zanuso

1916年イタリアのミラノ生まれの建築家。ミラノ工科大学を卒業後、45年より建築、デザイン、都市計画に活躍。イタリア工業デザイン協会（ADI）会長、ミラノ工科大学建築学部長などを勤めた。ミラノ・トリエンナーレ・グランプリ、コンパッソ・ドーロ・デザイン賞など受賞も多い。建築ではブエノスアイレスの「オリベッティ社」、ミラノの「IBM本社」「シーメンス社」など多数。

### ウッドライン

マルコ・ザヌーソ
1964年
W74×D90×H73×SH35
Arflex／アルフレックスジャパン
WOODLINE
Marco Zanuso

シンプルで洗練されたフォルムは、近未来的デザインとして賞賛された。

### チェレスティーナ

マルコ・ザヌーソ
1978年
W42×D50×H82×SH45
Zanotta／ノバ大島
CELESTINA
Marco Zanuso

18.8ステンレススチールフレーム、
背・座：牛革張り
18.8ステンレススチールのフレームに、背、座は牛革でカバーしたフォールディングチェア。

### レディ

マルコ・ザヌーソ
1951年
W78×D86×H85×SH42
Arflex／アルフレックスジャパン
LADY
Marco Zanuso

発表当時、気泡ゴムの利用と有機的フォルムで話題となった。ミラノ・トリエンナーレ・グランプリ受賞（1951年）。

# エディ・ハーリス

# Eddie Harlis

1928年に生まれ、ヒルデスハイム工芸専門学校を卒業後、49年より家具、インテリアのデザイン分野で活動。53年よりトーネット社のデザイン部門に就職、50年代に生産された製品を担当した。1985年没。

**エッグ-S664**

エディ・ハーリス
1955年
W60×D52×H85×SH44
Thonet／アイデック
THE EGG-S664
Eddie Harlis

ブナ積層成型合板、スチールロット
トーネット社1955年のカタログの表紙を飾ったもので、およそ40年後にリプロダクションされた。

# ゲルト・ランゲ

## Gerd Lange

1931年ドイツのウッペルタールに生まれ、56年オッフェンバハデザイン大学を卒業、61年カプスウェアでデザイン事務所を開設し、建築、インテリア、家具デザインの分野で活動。ドイツ経済賞、アメリカプロダクトデザイン協会賞などの受賞も多い。シンプルで実用的なドイツモダンを代表するデザイナーの一人。

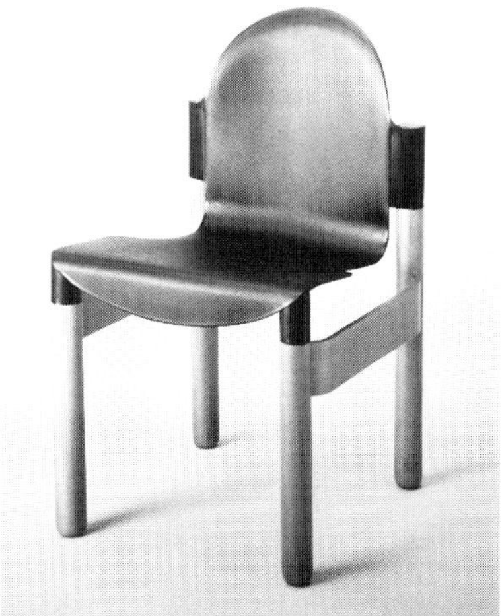

### フレックス

ゲルト・ランゲ
1973年
W50×D49×H74×SH43
Thonet／アイデック
FLEX2100（BL）
Gerd Lange

背座：ポリプロピレン一体成型、脚部：ブナ材
背座のシェルと木部の異質の組み合わせがモダン。フレックス2000シリーズには、数多くのパーツやジョイント材が用意されている。

### トライアングル

ゲルト・ランゲ
1987年
W43×D53×H84×SH45
Thonet／アイデック
TRIANGEL
Gerd Lange

スチールパイプ+ロット、布張り

# フランコ・アルビーニ

## Franco Albini

1905年イタリアのコモに生まれ、29年ミラノ工科大学建築学部を卒業、建築から都市開発の広い分野で活動、特に建築では合理主義を強く意識した作品を残した。代表的作品にはジェノバの「サン・ロレンツォ宝物館」(54—56年)、「パラッツォ・ビアンコ美術館」など。コンパッソ・ドーロ・デザイン賞(55、58、64年)、オリベッティ国内建築賞(57年)など受賞。1977年没。

### ルイザチェア

フランコ・アルビーニ
1951—55年
W56×D56×H76×SH43
Poggi/アルフレックスジャパン
LUISA
Franco Albini

ウォールナット材、黒皮革
肘部と脚の接合に組み継ぎを用いたディテールが印象的。1955年のコンパッソ・ドーロ・デザイン賞受賞作品。

### フィオレンツァ

フランコ・アルビーニ
1952年
W73×D92×H103×SH44
Arflex/アルフレックスジャパン
FIORENZA
Franco Albini

ウレタンフォーム、布張り
発表当時“不朽の肘掛け椅子”と評されたウイングバックチェア。

# ビー・ビー・ピー・アール・スタジオ

## B.B.P.R

1932年、パンフィ、ベルジォーゾ、ペレッスーティらの建築家によって設立されたグループで、そのデザイン活動は第二次大戦前のイタリア建築界において主導的役割を果たした。45年以降は“連続性”をテーマに活動。現在はロドヴィコ・ベルジォーゾが継いでいる。代表作には塔状ビルの「トッレ・ヴェラスカ」(58年)、オリベッティの「スペッツィオ」(60年) など。

イーエルダブル
ビー・ビー・ピー・アール・スタジオ
1953年
W47×D57×H72×SH45
Arflex／アルフレックスジャパン
ELW
B.B.P.R Studio
スチール、ウォールナット突板成型合板

# アキレ・カスティリオーニ

## Achille Castiglioni

1918年イタリアのミラノに生まれ、44年ミラノ工科大学建築学部を卒業後、兄のピエール・ジャコモ・リビオとともに建築家、デザイナーとして活躍。69年以降、ミラノ及びトリノ工科大学建築学部教授として工業デザインを教えるとともに、数多くの作品をデザインした。コンパッソ・ドーロ・デザイン賞、ミラノ・トリエンナーレ・グランプリなど受賞も多い。ロンドン・ロイヤルカレッジ・オブ・アート名誉博士号を授与され、作品はニューヨーク近代美術館ほか、ロンドン、チューリヒ、デンバー、プラハなどの博物館のコレクションに入っている。

メッツァドロ
アキレ・カスティリオーニ
1957年
W49×D51×SH51
Zanotta／ノバ大島
MEZZADRO
Achille Castiglioni

農業用トラクターのシートがヒントという。ヴィラ・オルモの展覧会で発表。1970年ザノッタ社で製品化された。

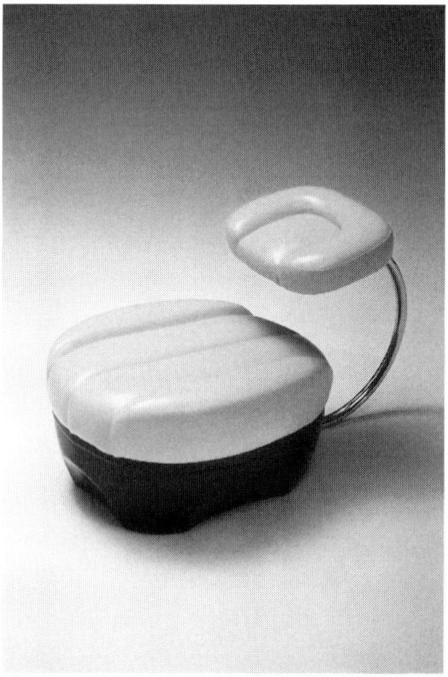

プリマーテ
アキレ・カスティリオーニ
1970年
W50×D80×H47
Zanotta／ノバ大島
PRIMATE
Achille Castiglioni

フィラデルフィア美術館永久展示品。

# ジャンドメニコ・ベロッティ

## Giandomenico Belotti

1922年イタリアのベルガモに生まれ、ブレラ美術アカデミーを経て、ミラノ工科大学、ヴェネツィア大学を卒業後、都市計画や工業デザインの分野で活動している。家具の「スパゲッティ」は、ニューヨーク近代美術館の永久展示品に選定された。

スパゲッティ
ジャンドメニコ・ベロッティ
1967年
W40×D57×H83×SH46
Alias／カッシーナ・イクスシー青山本店
SPAGHETTI
Giandomenico Belotti

スチールフレーム、ポリ塩化ビニール（PVC）コード
1979年アリアス社で復刻された。繊細なディメンションとクリアなポリ塩化ビニールコードの構成で、透明感が印象的。ニューヨーク近代美術館永久展示品。

# ガッティ、パオリーニ&テオドロ

## Gatti, Paolini & Teodoro

いずれもイタリア生まれの建築家でトリノを中心に建築から都市計画、グラフィックと幅広い分野で活動している。三人の代表作「サッコ」の名から“サッコ・トリオ”と呼ばれている。

サッコ

ガッティ、パオリーニ&テオドロ
1968年
W80×D80×H68、6kg
Zanotta／ヤマギワ
SACCO
Gatti, Paolini & Teodoro

スキンフレックスカバーにポリエチレン粒を入れたもので、座る姿勢により自由に形を整えることができる。1969年のパリ家具見本市に発表されたもので、従来の椅子にない概念で革命的椅子として最大の評価を得ている。ホップの時代を反映する代表作のひとつ。69年ザノッタ社で製品化された。ニューヨーク近代美術館永久展示品。

# デ・パス、ドウルビノ&ロマッツィ

## De Pas,D'Urbino & Lomazzi

デ・パスは1932年、ドウルビノは35年、ロマッツィは36年にミラノに生まれ、66年合同でミラノスタジオを設立。建築、デザイン、インテリア、都市計画の分野で活動。特にデ・パスはイタリア工業デザイン協会（ADI）の理事として中心的役割をも担っている。デ・パスは1991年没。

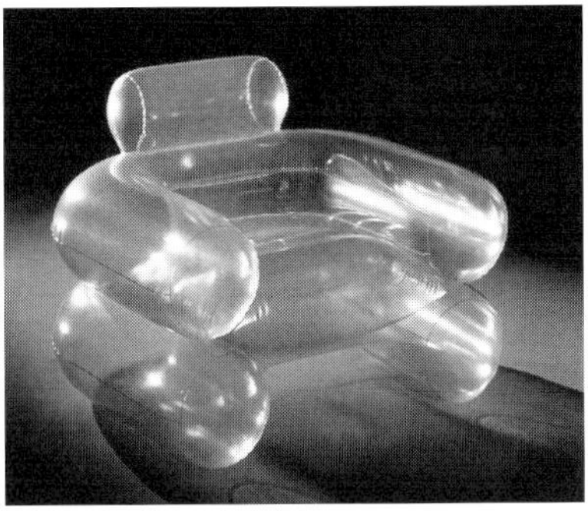

ブロウ
デ・パス、ドウルビノ&ロマッツィ
1967年
W110×D95×H83
Zanotta／ヤマギワ
BLOW
De Pas,D'Urbino & Lomazzi

発表当時、ポップの時代性を反映したものとして高く評価された。

パルミラ
デ・パス、ドウルビノ&ロマッツィ
1984年
W41×D51×H96×SH46
Zanotta／ノバ大島
PALMIRA
De Pas,D'Urbino & Lomazzi

ブナ材、硬質ポリウレタンベースにコードバン（皮革）張り
シンプルでさり気ないデザインの中に、ネオクラッシックな感性が感じられる。

オンダ1030
デ・パス、ドウルビノ&ロマッツィ
1985年
W87×D75×H72×SH45
W195×D78×H72×SH45（三人掛け）
Zanotta／ノバ大島
ONDA
De Pas,D'Urbino & Lomazzi

# ジョット・ストッピーノ

## Giotto Stoppino

1926年イタリアのビジェーバノに生まれ、ミラノとヴェネツィアで建築を学び、67年までノヴァーラとミラノの建築家協会で活動。68年スタジオを設立して独立、建築、家具、デザインの分野で活躍。ミラノ・トリエンナーレ・グランプリ（64年）、コンパッソ・ドーロ・デザイン賞（79年）など受賞も多い。82―85年までイタリア工業デザイン協会（ADI）の会長を勤めた。

カブール
ジョット・ストッピーノ
1959年
S.I.M／アルフレックスジャパン
CAVOUR
Giotto Stoppino
成型合板

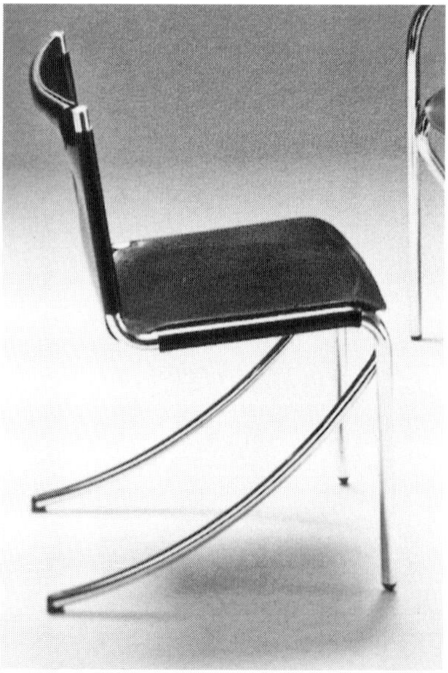

セディアジョット
ジョット・ストッピーノ
1976年
W60×D50×H80×SH45
Acerbis／アルフレックスジャパン
SEDIA GIOTTO
Giotto Stoppino
スチールパイプ、皮革
ニューヨーク近代美術館永久展示品。

# アフラ&トビア・スカルパ

## Afra & Tobia Scarpa

トビア・スカルパは1935年、夫人のアフラ・ビアンキンは37年にイタリアに生まれ、ともにヴェネツィア大学の建築科を卒業。58年ムラノ島のガラスメーカーで活動後、建築家として多くのプロジェクトに参画、特にメリタリア社を中心に多くの家具メーカーで作品を発表している。

サイドチェア-121
アフラ&トビア・スカルパ
1965年
W47×D50×H80×SH45
Cassina／カッシーナ・イクスシー青山本店
CHAIR-121
Afra & Tobia Scarpa

FRP（ガラス繊維強化プラスチック）、ウォールナット

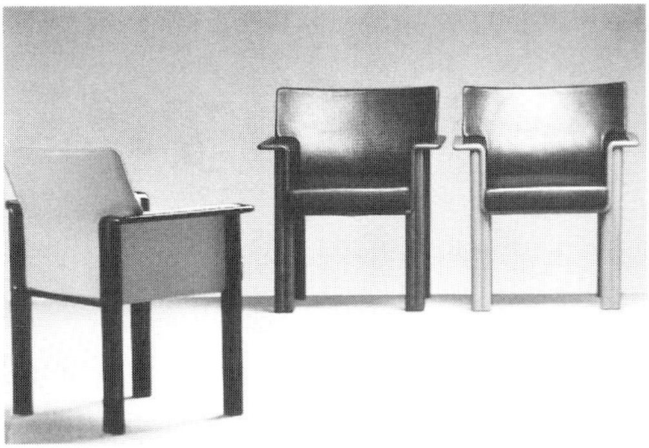

コーネル
アフラ&トビア・スカルパ
1987年
W70×D55×H82×SH48
CORNEL
Afra & Tobia Scarpa

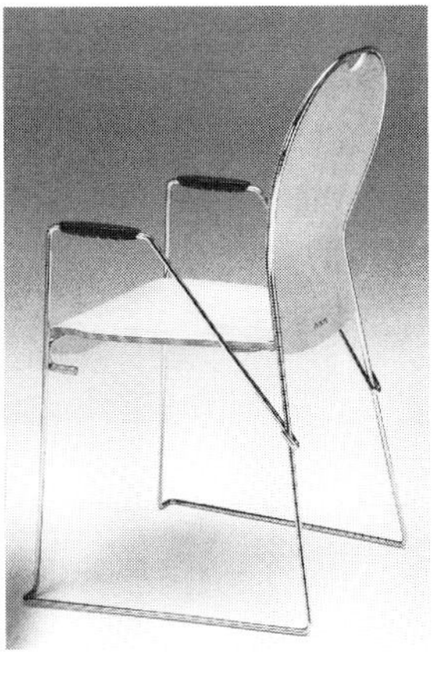

マリマット
アフラ&トビア・スカルパ
W58×D52×H92×SH45
MERIMIT
Afra & Tobia Scarpa

# ジャンカルロ・ピレッティ

## Giancarlo Piretti

1940年イタリアのボローニャに生まれ、ボローニャ国立美術大学を卒業後、7年間同大学の助手、74—85年までアノニマ・カステッリィ社で家具デザインを担当。ドイツのグッド・フォルム賞（73年）、アメリカのゴールドメダル（71、77年）、イタリアのコンパッソ・ドーロ・デザイン賞（81年）など数多くの賞を得ている。

**プリア**
ジャンカルロ・ピレッティ
1969年
W47×D50×H76×SH44
Anonima Castelli／岡村製作所
PLIA
Giancarlo Piretti

スチール、アルミ、プラスチック
SMAU賞とユーゴのBID賞を受賞。発表以来、世界中で販売されている。

# ジョエ・コロンボ

# Joe Colombo

1930年イタリアのミラノに生まれ、ブレラ美術学校とミラノ工芸学校を卒業後、61年事務所を開設、斬新なデザインを数多く発表した。コンパッソ・ドーロ・デザイン賞ほか受賞も多い。1971年没。

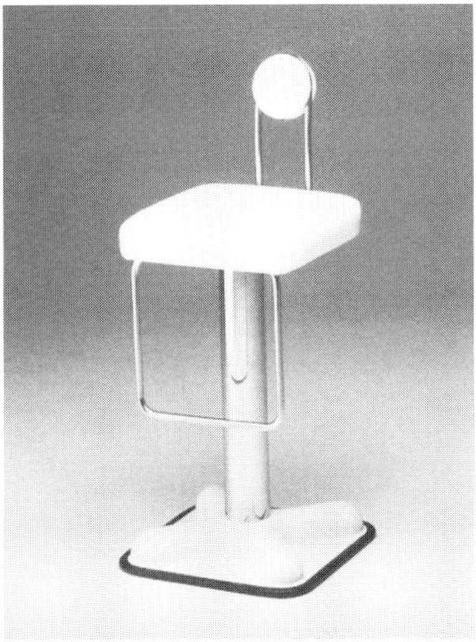

**ビリッロ**
ジョエ・コロンボ
1971年
W55×D68×H107×SH77
Zanotta／ノバ大島
BIRILLO
Joe Colombo

ステンレススチール、ファイバーグラス、皮革張り
同シリーズには座面の低いスツールもあるが、99年以来、日本では販売されていない。

**コロンボ4867**
ジョエ・コロンボ
1970年
W43×D50×H71×SH43
Kartell／カッシーナ・イクスシー青山本店
COLOMBO
Joe Colombo

合成樹脂成型、スタッキング式
1970年コンパッソ・ドーロ・デザイン賞受賞。オリジナルは、ポリプロピレンではなくABS樹脂が用いられている。1965年に発表した類型のユニバーサル4860はABS樹脂を使った初めての椅子として知られている。

# マリオ・マレンコ

## Mario Marenco

1933年イタリアのフォッジアに生まれ、ナポリ大学を卒業後、アメリカ、北欧、オーストラリアを経て、62年ローマにスタジオを開設。建築から工業デザインの広い分野で活動している。71年に発表した発泡ウレタンのソファ「マレンコ」はアルフレックス社のベストセラーになっている。

**マレンコ**

マリオ・マレンコ
1971年
W110×D97×H66×SH39（1P）
W178×D97×H66×SH39（2P）
Arflex／アルフレックスジャパン
MARENCO
Mario Marenco

モールド発泡ウレタンクッションを組み合わせて、自由にレイアウトできるカバーリングシステム。

# ガエ・アウレンティ

## Gae Aulenti

1927年イタリアのウディーネに生まれ、54年ミラノ工科大学建築学部を卒業後、65年まで『カサベラ』の編集に携わる。65年以降、建築家及びデザイナーとして活動した。66年イタリア工業デザイン協会（ADI）副会長に就任、70年以降、プラトのルカ・ロンコーニの工房で舞台装置、演劇空間に関するデザインを担当。ミラノ・トリエンナーレ・グランプリ大賞（64年）を受賞した。

アプレル
ガエ・アウレンティ
1964年
W51×D55×H86×SH46
Zanotta／ノバ大島
APRIL
Gae Aulenti

フォールディング式、ステンレススチールフレーム、アルミニウム

アームチェア54A
ガエ・アウレンティ
1975年
W80×D86×H75×SH41
Knoll／ノール・インターナショナル・ジャパン
ARM CHAIR-54A
Gae Aulenti

アルミ押出成型、皮革張り

# アンナ・カステリ・フェリエーリ

## Anna Castelli Ferrieri

1920年イタリアのミラノに生まれ、ミラノ工科大学建築学部を卒業後、建築誌の編集、研究、工業デザインの分野で活動、69—71年イタリア工業デザイン協会（ADI）の代表を勤めた。76年以降、1949年夫とともに設立したカルテル社の経営者兼アートディレクターとして活躍した。コンパッソ・ドーロ・デザイン賞（79年）受賞、ニューヨーク近代美術館永久展示品もある。

### カルテルスツール4823

アンナ・カステリ・フェリエーリ
1979年
φ41×H88×SH75
Kartell／カッシーナ・イクスシー青山本店
KARTELL STOOL-4823
Anna Castelli Ferrieri

コンパッソ・ドーロ・デザイン賞受賞。
H58×SH45の「スツール4822」がカッシーナで販売されている。

### スタッキング4870

アンナ・カステリ・フェリエーリ
1986年
W45×D51×H75×SH45
Kartell／カッシーナ・イクスシー青山本店
STACKING-4870
Anna Castelli Ferrieri

ポリプロピレン、スタッキング可
1987年コンパッソ・ドーロ・デザイン賞受賞作品。

# チニ・ボエリ

## Cini Boeri

1924年イタリアのミラノに生まれ、51年ミラノ工科大学建築学部を卒業後、52年からM.ザヌーソ・スタジオに勤務、63年スタジオを開設し独立。建築、家具デザインに活動、79年には建築家ラウラ・グリジオッティと共同、80年ボンで個展を開いている。ノール社、アルフレックス社の作品が多く、コンパッソ・ドーロ・デザイン賞を受賞した。

ブリガディア
チニ・ボエリ
1977年
W178×D105×H85×SH40
Knoll／ノール・インターナショナル・ジャパン
BRIGADIER
Cini Boeri

ストリップス
チニ・ボエリ
1979年
W77×D68×H70
Arflex／アルフレックス
STRIPS
Cini Boeri

合成綿キルティング加工
柔らかなルーズクッションで包み込むようなフォルムは、母の子宮空間をイメージさせる。

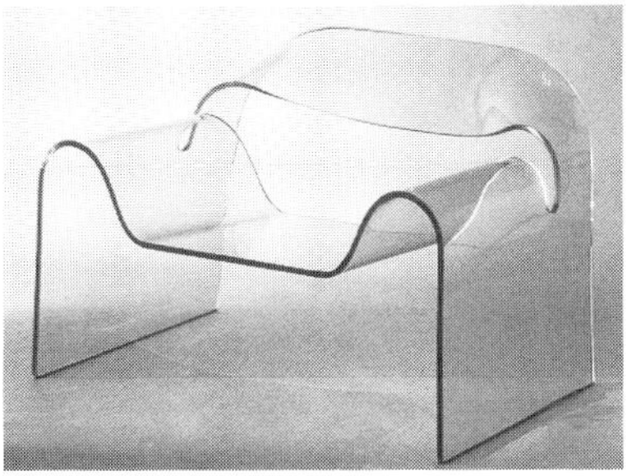

ゴスト
チニ・ボエリ
1987年
W94×D63×H58×SH31
Fiam Italia／リネアジャパン
GHOST
Cini Boeri

強化ガラス
片柳トムと共同でデザインした強化ガラスチェア。パリ装飾美術館永久展示品。

# マリオ・ベリーニ

## Mario Bellini

1935年イタリアのミラノに生まれ、59年ミラノ工科大学建築学部を卒業後、工業デザインと建築の分野で活動、86年以降は建築雑誌『ドムス』の編集長としても活躍した。カッシーナ社、オリベッティ社、ノール社の各工業製品のデザインを多数手がけている。コンパッソ・ドーロ・デザイン賞、ミラノ・ビエンナーレ・グランプリ金賞、カーサアミカ賞など受賞も多い。家具作品の多くがニューヨーク近代美術館の永久展示品となっている。

**キャブ**

マリオ・ベリーニ
1976—77年
W52×D47×H81×SH43（アームレス）
W61×D52×H82×SH45（アーム付）
Cassina／カッシーナ・イクスシー青山本店
CAB
Mario Bellini

スチールパイプをコードバン革で包み込んだ最初の椅子。ニューヨーク近代美術館永久展示品。

**リュート**

マリオ・ベリーニ
1989年
W54×D52×H77×SH44
Cassina／カッシーナ・イクスシー青山本店
LIUTO
Mario Bellini

スチールフレーム、コードバン厚革

## オンダ

マリオ・ベリーニ
W60×D56×H84×SH43
Vitra／インター・オフィス
ONDA
Mario Bellini

スチール、布張り

## テンタツォーネ

マリオ・ベリーニ
1973年
W78×D68×H78×SH48
Cassina／カッシーナ・イクスシー青山本店
TENTAZIONE
Mario Bellini

## ブレーク

マリオ・ベリーニ
1976年
W55×D53×H85×SH48
Cassina／カッシーナ・イクスシー青山本店
BREAK
Mario Bellini

モールドウレタンフォーム、皮革張り
モールドウレタンフォームの上から、皮革をジッパーで着脱させるカバーリングシステムで、“マリオ・ベリーニ家具全集”シリーズのひとつである。

# ヴィコ・マジストレッティ

## Vico Magistretti

1920年イタリアのミラノに生まれ、45年ミラノ工科大学建築科を卒業後、建築家の父のスタジオに参加。建築、インテリア、家具、照明器具などの広い分野で活動、特に近年では住宅、ホテル、ビル建築を中心に、世界の主要な企業において活躍している。ミラノ・トリエンナーレ・グランプリ、コンパッソ・ドーロ・デザイン賞など受賞も多い。

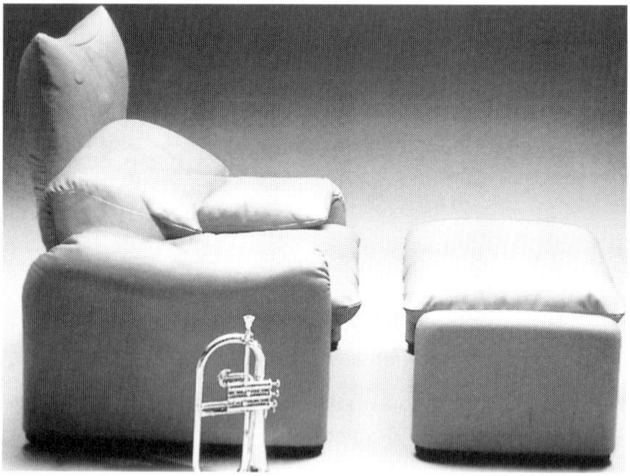

**マラルンガ**
ヴィコ・マジストレッティ
1973年
W102×D86×H72（103）×SH47
Cassina／カッシーナ・イクスシー青山本店
MARALUNGA
Vico Magistretti

背もたれを動かすことで、ハイバックとローバックの両方に使えるのが特徴。ニューヨーク近代美術館永久展示品。

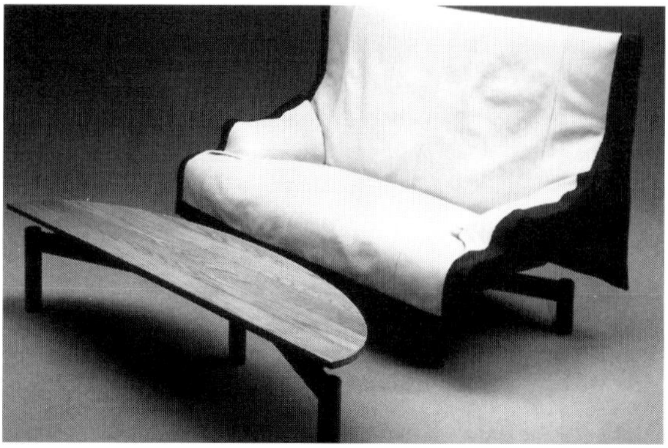

**シンドバッド**
ヴィコ・マジストレッティ
1981年
W110×D85×H105×SH43
Cassina／カッシーナ・イクスシー青山本店
SINDBAD
Vico Magistretti

モールドウレタン、オーバーカバー（布または革）
1982年、ケルン国際見本市に出品されてゴールデン賞を受賞した。乗馬用の毛布がヒントというカバーは取り替えることができる。形式ばらない発想で注目された。

## ヴィラ・ビアンカ

ヴィコ・マジストレッティ
1987年
W53×D53×H78×SH42
Cassina／カッシーナ・イクスシー青山本店
VILLA BIANCA
Vico Magistretti

ブナ着色塗装、布張り、スタッキング式、
カバーリングシステム

## シーマ

ヴィコ・マジストレッティ
1987年
W55×D51×H82×SH44
ALMA／アイデック
SIMA
Vico Magistretti

インテクラスキンフォーム、スチールパイプ、硬質ゴム

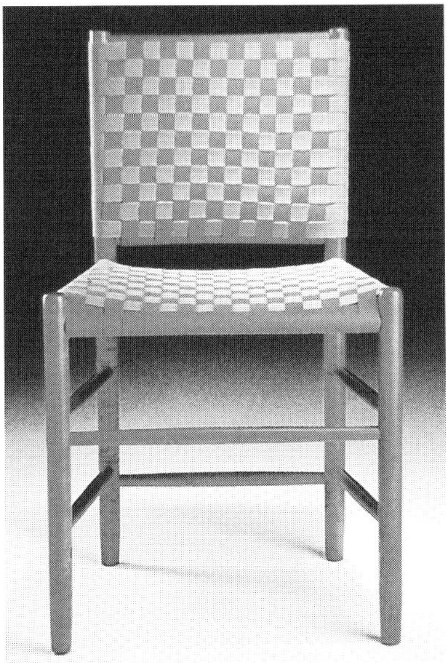

## メインチェア

ヴィコ・マジストレッティ
W49×D48×H88×SH46
De Padova／カッシーナ・イクスシー青山本店
MAINE
Vico Magistretti

ブナ材、コットンテープ張り
H78のローバックもある。

# アルド・ロッシ

## Aldo Rossi

1931年イタリアのミラノに生まれ、59年ミラノ工科大学建築科を卒業後、建築事務所を開設。65年よりミラノ工科大学、72年スイス連邦工科大学、ハーバード大学などの教授を歴任、現代建築理論家の筆頭と評価されている。作品は公共建築からインテリア、プロダクトデザインまで多岐にわたり『都市の建築』『科学的自叙伝』など著作も多い。建築のノーベル賞プリッツカーを受賞、代表的建築物には「世界劇場」(79年)、「ガッララテーセの集合住宅」(66年)、日本では「ホテル・イル・パラッツォ〈福岡〉」がある。

**テアトロ**

アルド・ロッシ
1981年
W51×D50×H77×SH44
Molteni／旧アンビエンテ扱い
TEATRO
Aldo Rossi

"劇場"という名の椅子。シンプルな形態と漆塗り風の仕上げでアジアンミックスを感じさせる。

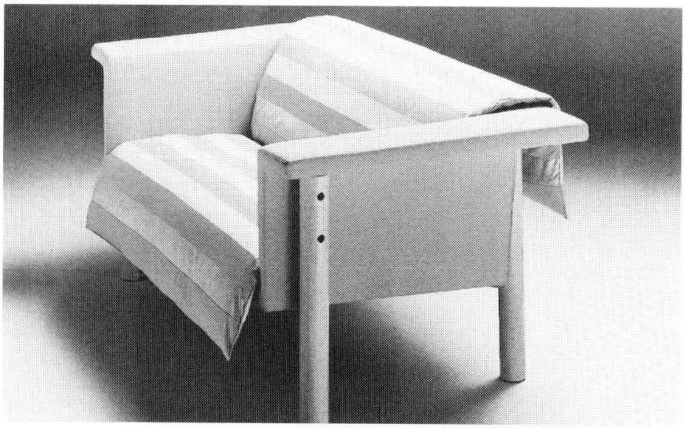

**カピトロ**

アルド・ロッシ
1982年
Molteni／旧アンビエンテ扱い
CAPITOLO
Aldo Rossi

# マリオ・ボッタ

# Mario Botta

1943年スイスのメンドリツィオに生まれ、61—64年までミラノ美術大学で学び、69年にヴェネツィア建築大学を卒業し設計事務所を設立。ローザンヌの国立工科大学の客員教授を兼務し、79年からアメリカやヨーロッパの各地の大学で講演した。ドイツ建築家連盟（BDA）とアメリカ建築家協会（AIA）の名誉会員。ビートン賞（85年）、シカゴ建築賞（86年）など受賞も多い。代表作には「フリボルゴ州立銀行」、フランスの「シャムベリィ文化センター」、東京・神宮前の「ワタリウム・ビル」などがある。

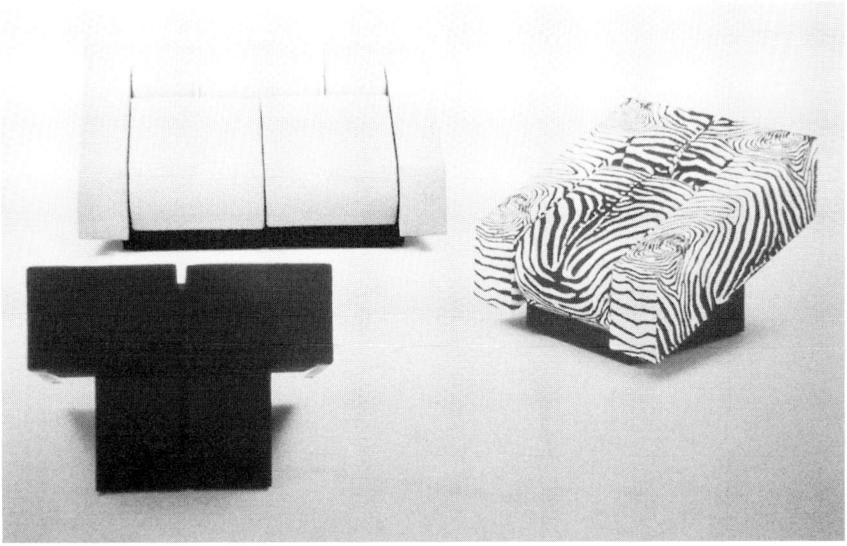

**オブリクア**
マリオ・ボッタ
1988年
W88×D88×H78×SH38
Alias／カッシーナ・イクスシー青山本店
OBLIQUA
Mario Botta

硬質モールド、ポリウレタン、可動式座

セコンダチェア
マリオ・ボッタ
1982年
W52×D58×H72×SH46
Alias／カッシーナ・イクスシー青山本店
SECONDA
Mario Botta

スチール、パンチングプレート、ゴム
スチールパイプとゴム引きによる幾何学的フォルムは、1980年代のデザインを象徴する感性を感じさせる。

クインタチェア
マリオ・ボッタ
1985—86年
W46×D57×H94×SH43
Alias／カッシーナ・イクスシー青山本店
QUINTA
Mario Botta

スチール、パンチングメタル
背と座の処理がユニークで、全体のフォルムがモダンで軽快な印象を与える。

ラトンダチェア
マリオ・ボッタ
W64×D49×H74×SH44
Alias／カッシーナ・イクスシー青山本店
LATONDA
Mario Botta

スチール、パンチングメタル

# パオロ・ピーバ

Paolo Piva

1950年イタリアのアドリアに生まれ、ヴェネツィアで建築学を学び、73年カルロ・スカルパに師事、ビー&ビーイタリア社やヴィットマン社のデザインを中心に活動している。コンパッソ・ドーロ・デザイン賞（87年）を受賞。

アルタ
パオロ・ピーバ
W79×D83×H105×SH46
W55×D55×SH43（スツール）
Wittmann／インター・オフィス
ALTA
Paolo Piva

クーポーレ
パオロ・ピーバ
W72×D62×H81×SH41
Wittmann／インター・オフィス
COUPOLE
Paolo Piva

# エンツォ・マリ

# Enzo Mari

1932年イタリアのノヴァラに生まれ、ミラノのブレラ美術学校を卒業後、カラー高等美術学校、ミラノ工科大学建築学部で教鞭をとる。美術工芸から工業、建築、グラフィックデザインの広い分野で活躍、ミラノの都市景観に関するアドバイザーを勤め、イタリア工業デザイン協会（ADI）会長などを歴任、コンパッソ・ドーロ・デザイン賞など受賞も多い。

**トニエッタ**

エンツォ・マリ
1985年
W39×D47×H84×SH47
Zanotta／ノバ大島
TONIETTA
Enzo Mari

アルミフレーム、コードバン皮革
曲線のアルミ脚とコードバン皮のコーディネートが有機的で優雅なイメージを感じさせる。コンパッソ・ドーロ・デザイン賞受賞。

**カルメン**

エンツォ・マリ
1986年
W57×D55×H78×SH48
Zanotta／ノバ大島
CARMEN
Enzo Mari

# デイヴィッド・パルテラー

## David Palterer

1949年イタリアのハイファドに生まれ、79年フィレンツェ大学建築学科を卒業後、80年ワークショップとしてのスタジオ、アルテレゴを創設。作品は『ドムス』『モーダ』などの雑誌に紹介されている。

ファウノ
デイヴィッド・パルテラー
1987年
W48×D51×H78×SH46
Zanotta／ノバ大島
FAUNO
David Palterer

# アントニオ・チッテリオ

## Antonio Citterio

1950年イタリアのメダに生まれ、72年ミラノ工科大学を卒業後、81年まで建築家パオロ・ナーヴァと共同でスタジオを設立、ビー&ビーイタリア社、ボッフィ社、ヴィトラ社などのデザインを手がけている。アメリカのエスプリ社「ミラノ・オフィス」、オリベッティ社の「オフィスシステム家具」など数々の話題作を発表している。デザインの多くは、シンプルかつ創造的である。コンパッソ・ドーロ・デザイン賞など受賞も多い。

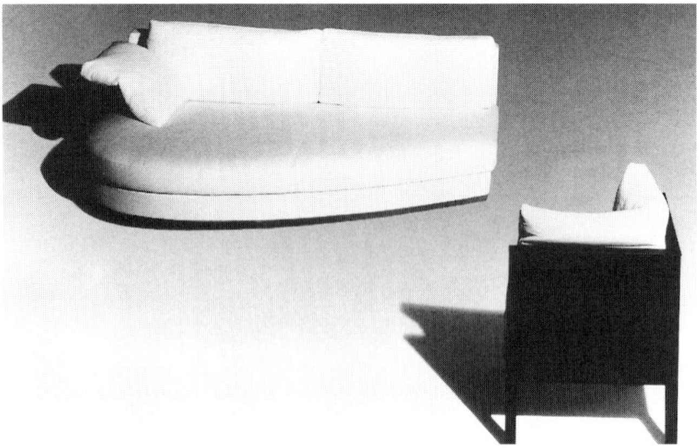

**シティ**

アントニオ・チッテリオ
1986年
W225×D140〜90×H82
W66×D66×H88
B & B Italia／DHJ
CITY
Antonio Citterio

1986年のミラノ・サローネで話題となった。34のエレメントを組み合わせて、ソファからベッドまで対応できるフレキシブルシステムは画期的である。

**ジュニア3**

アントニオ・チッテリオ
W200×D75×H90×SH37
Flexform／Prospect
JUNIOR-3
Antonio Citterio

## プレーゴ

アントニオ・チッテリオ
1987年
W52×D48×H81×SH46
アイデック
PREGO
Antonio Citterio

スチールパイプ、合成皮革、スタッキング式
プレーゴとは“どうぞ”の意味。背と背のカバーは取り外しが可能。マイルドなフレームの曲線が冷たさを感じさせない。

## アプタ9755

アントニオ・チッテリオ
W63×D70×H74×SH42
B & B Italia／DHJ
APTA·9755
Antonio Citterio

## ミニ

アントニオ・チッテリオ
W49×D51×H80×SH46
ALMA／アイデック
MINNI
Antonio Citterio

ポリプロピレン、ブナ材
同タイプには、アルミ脚の屋外使用可能なものとSH75のハイチェアがある。

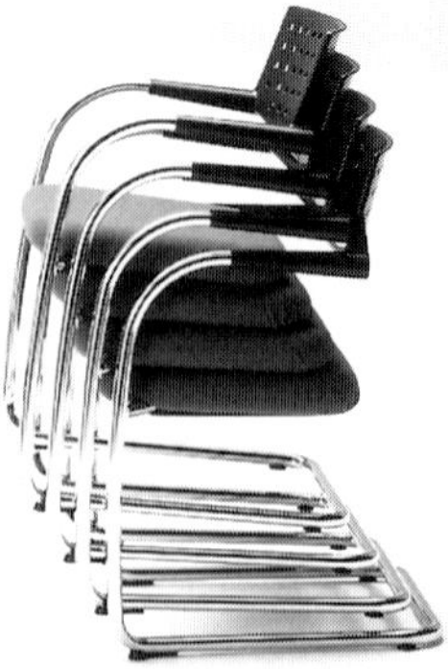

ビサビ

アントニオ・チッテリオ
W54×D55×H80×SH42
Vitra／インター・オフィス
VISAVIS
Antonio Citterio

アームと背を一体化させたカンティレバーチェアで、スタッキングができるビジターチェア。

マリアーナ

アントニオ・チッテリオ
W45×D48×H75×SH43（アーム）
W40×D48×H75×SH43（アームレス）
Poltrona／PROSPECT
MARIANA
Antonio Citterio
メープル積層合板（ウッドシート）
擬人的なフォルムはチャーミングでコケティッシュな印象である。

# ジャパニーズ・モダン

## Japanese Modern

日本のモダン・デザインは、バウハウスを中心とするモダニズムの洗礼を受けた蔵田周忠、豊口克平らが、1928年に創設した〈型而工房《けいじこうぼう》〉の活動に遡る。デザインを生産との関連の中で合理的に標準化、規格化する同工房の機能主義的思想は、日本のモダン・デザインの先駆として高く評価されている。

第二次大戦が終わった45年以降、50年代は社会復興の時期で、特にデザイン界においては、商工省工芸指導所（のちの通産省製品科学研究所）によるデザイン及び産業の振興の貢献が大きい。ブルーノ・タウトやシャルロット・ペリアンらの外人デザイナーの招聘、地域工芸産業の指導、工芸ニュースの発行などがその足跡である。

同時期、民間においては52年日本インダストリアルデザイナー協会（JIDA）、同57年日本インテリアデザイナー協会（JID）がそれぞれ発足し、多くのデザイナーが活動を始め、民間の工業技術の進展を背景に優れた作品を発表している。型而工房、工芸指導所を経てデザイン研究所を設立した豊口克平や剣持勇、Qデザイナーズを設立した渡辺力、工業デザイン研究所を設立した柳宗理などの活動と作品がその例である。

60年代は高度経済成長の時代、東京オリンピック、世界デザイン会議などが開催された時代でもある。特に有名百貨店では50年代後半からのアメリカン・モダンの輸入家具に引き続き、60年代はスカンジナビアン（北欧）・モダン、70—80年代前半はイタリアン・モダンと、家具展示会やイベントを通じて、各国のモダン・デザインを紹介し、わが国のデザインに大きな影響を与えた。特にスカンジナビアン・モダンでは、前述の渡辺力、剣持勇、川上信二、藤森健次、イタリアン・モダンでは川上元美、高浜和秀、阿部紘三らの作品に大きな影響を与えている。

70年代後半から80年代になると、機能主義モダンに対するアンチテーゼのポスト・モダンの運動が上陸、その影響を受けたのが〈メンフィス〉に参加した倉俣史朗、「ウインク」を発表した喜多俊之、ポスト・モダンの日本の旗手とされる梅田正徳らである。

# 豊口克平

## Katsuhei Toyoguchi

1905年（明治38）秋田県に生まれ、東京高等工芸学校を卒業後、研究団体〈型而工房〉を結成。日本室内設計家協会（現在の日本インテリアデザイナー協会）の設立に努力し、商工省（現在の経済産業省）工芸指導所を経て、60年豊口デザイン研究所を設立。工芸、工業、インテリア、ディスプレーなどの各デザイン分野で活動、日本のモダンデザイン界のパイオニアである。勲三等瑞宝賞、貿易振興功労総理大臣賞など受賞も多い。代表作には「日本航空DC8」のインテリア、「モスクワ日本産業見本市」「シアトル及びモントリオール万博日本館」など。1991年没。

トヨさんの椅子
豊口克平
1955年
W58×D61×H73×SH37
㈲モノ・モノ／リビングデザインセンター・にっぽんフォルム
TOYO-SAN
Katsuhei Toyoguchi

ナラ材、布張り
あぐらを組んで座れる低座椅子。

スポークチェア
豊口克平
1962―63年
W80×D68×H83×SH34
天童木工
SPOKE CHAIR
Katsuhei Toyoguchi

ナラ材、布地張り
広い低座面であぐらを組めるライフスタイル対応のスポークチェア。
1996年、天童木工により復刻された。

# 渡辺　力

## Riki Watanabe

1911年（明治44）東京に生まれ、36年東京高等工芸学校木材工芸科を卒業、49年渡辺力デザイン事務所（現在のQデザイナーズ）を設立し、インテリア、工業、工芸、ディスプレーなどの分野で活動。代表的作品には「YS-11」のインテリア、「東京ヒルトンホテル」「京王プラザホテル」のインテリア、家具やSEIKOのクロックなど。新建築家賞（52年）、ミラノ・トリエンナーレ・グランプリ金賞（57年）、毎日デザイン賞（67年）、紫綬褒賞（76年）など受賞も数多い。日本デザイン・コミッティー、クラフトセンター・ジャパンの各理事、日本デザイナー協会名誉会員でもある。

ヒモイス

渡辺　力
1952年
W73×D53×H73×SH30
BC工房／リビングデザインセンター・にっぽんフォルム
HIMO ISU
Riki Watanabe

ナラ材、コットンロープ
座ぶとんをおいて使う組立て式の低座椅子。オリジナルは、戦後の物資が乏しい時期に考えられ、商品化されたローコストチェア。

## トリイスツール

渡辺　力
1956年
W48×D35×H46×SH43
ワイエムケー／リビングデザインセンター・にっぽんフォルム
TORII
Riki Watanabe

ミラノ・トリエンナーレ・グランプリ金賞受賞（1957年）。鳥居をモチーフにしたフォルムは海外で高い評価を得た。オリジナルは、スマトラ産のラタンとセガラタンのピール平編みで、ブレース（支柱）の構造が少し異なっている。山川ラタン（現・ワイエムケー）による不朽の名作。

## リキウインザー

渡辺　力
1984年
W64×D57×H90×SH41
インテリアセンター／リビングデザインセンター・にっぽんフォルム
RIKI
Riki Watanabe

18世紀イギリスのウインザーチェアを日本人の体型に合わせ、全体をリデザインしたもの。

## リキチェア

渡辺　力
1998年
W70×D73×H103×SH39
BC工房
RIKI
Riki Watanabe

ウォールナット材、オーク材、オイルフィニッシュ仕上げ、皮革張りまたは布張り
座面はポケットスプリングを30個仕込んだあおり張り。

# 柳　宗理

## Munemichi Yanagi

1915年（大正4）、民芸運動の創始者柳宗悦を父として東京に生まれ、40年東京美術学校（現在の東京芸大）を卒業後、デザイン活動に入る。52年柳工業デザイン研究所を設立し、54年金沢美術工芸大学教授、77年から東京の日本民芸館館長に就任した。毎日工業デザイン第1席（52年）、ミラノ・トリエンナーレ・グランプリ金賞（57年）など受賞も多い。

**柳三角スツール**
柳　宗理
1997年
W38×D35×H57×SH40
BC工房／リビングデザインセンター・にっぽんフォルム
YANAGI SANKAKU
Munemichi Yanagi

ナラ材、オイルフィニッシュ、座：布張りまたは革張り
SH60のハイタイプやSH33のロータイプがあり、それぞれに背つきと背なしの種類がある。

### バタフライスツール

柳　宗理
1956年
W42×D31×H39×SH34
天童木工
BUTTERFLY
Munemichi Yanagi

成型合板
高周波成型合板の2枚組。日本をイメージさせるフォルムで、世界的に評価が高い。ニューヨーク近代美術館永久展示品。

# 剣持　勇

## Isamu Kenmochi

1912年東京に生まれ、32年東京高等工芸学校木材工芸科を卒業後、商工省（現在の経済産業省）工芸指導部へ入省、55年剣持デザイン研究所を設立。日本のインテリアデザイン界のパイオニアとして活動。代表的な作品には「国立京都国際会館」「京王百貨店」「京王プラザホテルロビー」「富士フィルム本社役員室フロア」など。ブリュッセル万国博日本館金賞（58年）、毎日産業デザイン賞（63年）など受賞も多い。1977年没。

ラウンジチェア
剣持　勇
1960年
W81×D78×H72×SH33
ワイエムケー／リビングデザインセンター・にっぽんフォルム
LOUNGE CHAIR
Isamu Kenmochi

ラタン編み、置クッション
グッドデザイン選定、Gマークロングラン賞受賞。オリジナルはホテル・ニュージャパンのバーラウンジのために山川ラタンが製作したもの。ニューヨーク近代美術館永久展示品。

柏戸
剣持　勇
1960―61年
W85×D77×H63×SH33
天童木工
KASHIWADO
Isamu Kenmochi

スギ無垢集成材
オリジナルはホテルのロビー用にデザインされ、その後、元横綱の柏戸（鏡山親方）に贈呈されたのが名の由来という。

小椅子
剣持　勇
1975年
W48×D50×H77×SH44
天童木工
DINING CHAIR T-0507
Isamu Kenmochi

1975年発表されたHFシリーズの中のダイニングチェア。駒入れ成型により、強度を高めた軽量かつユニークなカンティレバーチェア。

# 長　大作

## Daisaku Choh

1921年（大正10）旧満州に生まれ、45年東京美術学校（現在の東京芸大）建築科を卒業、71年まで坂倉建築研究所に勤め、72年長大作建築設計室を開設し活動、愛知県立芸術大学美術学部客員教授を兼務した。毎日産業デザイン賞（71年）、国井喜太郎産業工業賞（94年）など受賞も多い。

### 低座椅子

長　大作
1960年
W55×D69×H67×SH29
天童木工
LOW SHORT LEG
Daisaku Choh

ナラ材積層合板
日本の伝統的生活様式に対応。和室で用いる椅子としてデザインされた。Gマーク選定（1964年）。

### はしばみ椅子

長　大作
1997年
W60×D53×H78×SH43
BC工房／リビングデザインセンター・にっぽんフォルム
HASHIBAMI
Daisaku Choh

ナラ材、チーク材、オイル仕上げ
削り出された肘部が脚部板の“はしばみ”となっている。

# 松村勝男

## Katsuo Matsumura

1923年（大正12）東京に生まれ、42年東京高等工芸学校を卒業後、46年吉村順三設計事務所に勤務、56年Qデザイナーズを共同で設立した。58年松村勝男デザイン室を設立し、家具デザインを中心に活動、71年毎日産業デザイン賞を受賞。1991年没。

ガマ椅子

松村勝男
1972年
W48×D95×H90×SH38
城北木材加工、飛騨産業
GAMA
Katsuo Matsumura

カラマツ、ガマ編み
日本インテリアデザイナー協会賞受賞作品。日本の名作椅子のひとつとして評価されている。

**食堂椅子**

松村勝男

W40×D50×H75×SH42

天童木工

T-0635-B

Katsuo Matsumura

ブナ材、布または合革張り

# 田辺麗子

## Reiko Tanabe

1957年（昭和32）女子美術大学を卒業後、藤森健次事務所、松田平田設計事務所を経て、母校のデザイン科教授として後進の育成にあたりながら、田辺麗子デザイン事務所を主宰し活動した。

**ムライスツール**

田辺麗子
1961年
W44×D44×SH36
天童木工
MURAI STOOL
Reiko Tanabe

チーク積層成型合板
3枚の合板を結合させた幾何学的フォルムがユニーク。1961年の第1回天童木工デザインコンクール入選作。ムライは作者の旧姓。ニューヨーク近代美術館永久展示品。

# 高浜和秀

## Kazuhide Takahama

1930年（昭和5）宮崎県に生まれ、53年東京工業大学建築学部を卒業後、63年よりイタリアのボローニャに永住。家具デザイン、特にシモン・インターナショナル社、ビー&ビーイタリア社、ガヴィーナ社などの製品を数多く手がけている。シンプルで明快なデザインの中に日本人の“詩の心”があると、作品に対する評価も高い。

レニエ
高浜和秀
1968年
W60×D47×H110×SH45
Simon／シモン・ジャパン
RENNIE
Kazuhide Takahama

## ツル

高浜和秀
1971年
W48×D50×H73×SH44
Simon／シモン・ジャパン
TULU
Kazuhide Takahama

スタッキング式、スチールロット

## ガヤ

高浜和秀
1969年
W51×D45×H67×SH44
Simon／シモン・ジャパン
GAJA
Kazuhide Takahama

スタッキング式、スチールロット

# 新居　猛

## Takeshi Nii

1920年（大正9）徳島県に生まれ、47年徳島県職業指導所木工コースを修了し、以後家具デザインと製造に従事。パイプ脚を交差させて折畳み、座面に傾斜をつけた、従来にないディレクターズ・チェア「ニーチェア」でよく知られている。

ニーチェアX

新居　猛
1970年
W62×D77×H84×SH33
W80×D14×H17（折畳み時）
ニーファニチャー／リビングデザインセンター・にっぽんフォルム
NY CHAIR X
Takeshi Nii

国際的に評価が高く、6カ国でパテントを取得している。ニューヨーク近代美術館永久展示品。

# ポスト・モダン
## Post Modern

1970年代後半から80年代前半、機能主義モダン・デザインはその臨界を示した。ポスト・モダンの登場である。ポスト・モダンはモダン・デザインの無機質、非装飾主義に対するアンチテーゼとしてイタリアから世界に広まっていく。色彩や形態を視覚的コミュニケーション言語として装飾に新しい価値づけをしたアートで、オーナメンタリズム〈新装飾主義〉のポスト・モダンは、必然的に自己主張の強いニヒリズム的色彩からその運動は短期間で終わったが、従来のモダン・デザインになかった装飾のもつファンタジーや美学〈エセティック〉を強く感じさせ、世界のデザイン界に大きな衝撃を与え、以降のデザイン潮流に大きな変化をもたらした。

ポスト・モダンの代表的デザイナーには、〈メンフィス〉(Memphis)の創始者エットーレ・ソットサス、同グループの中心的存在のミケーレ・デ・ルッキ、〈アルキミア〉(Alchimia)を主宰するアレッサンドロ・メンディーニ、『建築の多様性と対立性』(鹿島出版会)の著者でポスト・モダンの理論家ロバート・ヴェンチューリなどがいる。日本では〈メンフィス〉グループに参加したアバンギャルドデザイナーの倉俣史朗や梅田正徳、岡山伸也などがその旗手である。85年東京と京都で“現代デザインの展望-ポスト・モダンの地平から”と題するポスト・モダンの展示会が開催され、その動向に注目が集まった。

# エットーレ・ソットサス

## Ettore Sottsass

1917年オーストリアのインスブルックに生まれ、37年トリノ工科大学建築科を卒業後、建築、デザインの分野で活動。49年ミラノにおいてソットサス・スタジオを開設、80年マルコ・ザニーニらとソットサス・アソシエーツを設立し、〈メンフィス〉(Memphis) 活動を開始した。ポスト・モダンのひとつ〈ラディカリズム〉ムーブメントの中心的存在となり、同ムーブメントの運動で世界的に高い評価を得ている。ロンドン王立美術アカデミーより名誉博士号を得た。

ウエストサイド
エットーレ・ソットサス
1982—83年
W99×D79×H79×SH40（1st）
W157×D79×H79×SH40（2st）
W215×D79×H79×SH40（3st）
Knoll／ノール・インターナショナル・ジャパン
WESTSIDE
Ettore Sottsass

色彩や形態を視覚のコミュニケーション言語としてコラージュ化したフォルムで、モダン・デザインにない鮮烈なイメージがある。

カラボ
エットーレ・ソットサス
1989年
W42×D51×H85×SH47
Zanotta／ノバ大島
CARABO
Ettore Sottsass

## ブリッジ

ソットサス・アソシエーツ
1986年
W50×D55×H83×SH45
Knoll／ノール・インターナショナル・ジャパン
BRIDGE
Sottsass Associates

ブナ材、ウレタンフォーム、布張り
“モダンでもポスト・モダンでもなく、〈メンフィス〉のスタイルである”とはソットサスの自己評価。

# リチャード・マイヤー

## Richard Meier

1934年アメリカのニュージャージー州に生まれ、57年コーネル大学建築科を卒業後、ニューヨークのマルセル・ブロイヤーの事務所を経て、63年設計事務所を開設。設計活動を行いながら、イェール大学、ハーバード大学などで教鞭をとっている。代表的作品には「フランクフルト工芸美術館」(85年)、「ゲッティー・センター」(97年)、などがある。

**マイヤーチェア**
リチャード・マイヤー
1982年
W53×D51×H70
Knoll/ノール・インターナショナル・ジャパン
MEIER-810
Richard Meier

メープル積層材、カラーウレタン塗装

**マイヤーカウチ**
リチャード・マイヤー
1982年
W183×D70×H64
Knoll/ノール・インターナショナル・ジャパン
MEIER-830
Richard Meier

メープル単板練付け、ウレタン塗装、ウレタンフォーム、皮革張り

# ミケーレ・デ・ルッキ

## Michele De Lucchi

1951年イタリアのフェルラーラに生まれ、75年フィレンツェ美術大学で建築を学び、77年ミラノにスタジオを開設。78—80年にかけて〈スタジオアルキミア〉の活動に参加、81年エットーレ・ソットサスらと〈メンフィス〉(Memphis) グループを結成、そのリーダーとして急進的デザイン・ムーブメントを起こした。形態や色彩を視覚的言語として、洗練された感性で独創的な作品を数多く残している。90年代半ばからは、オリベッティ社デザイン部門のリーダーとして活躍中である。

ファースト
ミケーレ・デ・ルッキ
1983年
W69×D50×H90×SH46
FIRST
Michele De Lucchi

無邪気でノスタルジックなフォルムの中に、モダンデザインの底流をなすニヒリズムとパロディを感じさせるポスト・モダンの代表的作品。ドイツのグローニンゲン・ミュージアム永久展示品。

# ロバート・ヴェンチューリ

Robert Venturi

1925年アメリカのフィラデルフィアに生まれ、プリンストン大学大学院を卒業後、ローマのアメリカン・アカデミーに留学。帰国後エーロ・サーリネンの事務所を経て、64年フィラデルフィアに建築事務所を開設し、イェール大学教授に就任した。ポスト・モダンの提唱者の一人。特に著書『建築の多様性と対立性』（鹿島出版会）は、機能主義のミニマリズムを非難したポスト・モダニズムの理論として高く評価されている。

シェラトン
ロバート・ヴェンチューリ
1984年
W59×D61×H85
Knoll／ノール・インターナショナル・ジャパン
SHERATON
Robert Venturi

“レス・イズ・ボア（無駄がないと退屈だ）”とは、モダニズムをアイロニカルに評したヴェンチューリの言葉。メトロポリタン美術館永久展示品。

クイーン・アン
ロバート・ヴェンチューリ
1984年
W67×D60×H98
Knoll／ノール・インターナショナル・ジャパン
QUEEN ANNE
Robert Venturi

メトロポリタン美術館永久展示品。

## アール・デコ

ロバート・ヴェンチューリ
1984年
W60×D61×H81
Knoll／ノール・インターナショナル・ジャパン
ART DECO
Robert Venturi

# アレッサンドロ・メンディーニ

## Alessandro Mendini

1931年イタリアのミラノに生まれ、ミラノ工科大学建築学部を卒業後、70年までニッツォーリのスタジオのメンバーとして、工業デザイン、建築、都市計画を担当。70—76年まで雑誌『カサベラ』、77—81年までは『モード』、80—85年まで『ドムス』の各編集長を勤めた。また、ドムス・アカデミー教授のほか、ヨーロッパ各地の大学で客員教授を勤めている。スタジオ〈アルキミア〉を設立し、ラディカルなポスト・モダン運動をリードした。作品はニューヨーク近代美術館、パリのポンピドゥーセンターなどで永久展示品に選定されたものも多い。

**ザブロ**
アレッサンドロ・メンディーニ
1984年
W93×D50×H137
Zanotta／ノバ大島
ZABRO
Alessandro Mendini

背板を下げるとテーブルになる。色彩をコミュニケーションの手段としたラディカルでアート性に富んだ作品は、当時のモダン・デザインの終焉を予見したものとして高く評価された。

ガウリーノ／オスカー・トゥスケツ／1987年
GAULINO／Oscar Tusquets

トルソ／パオロ・デガネロ／1982年
TORSO／Paolo Deganello

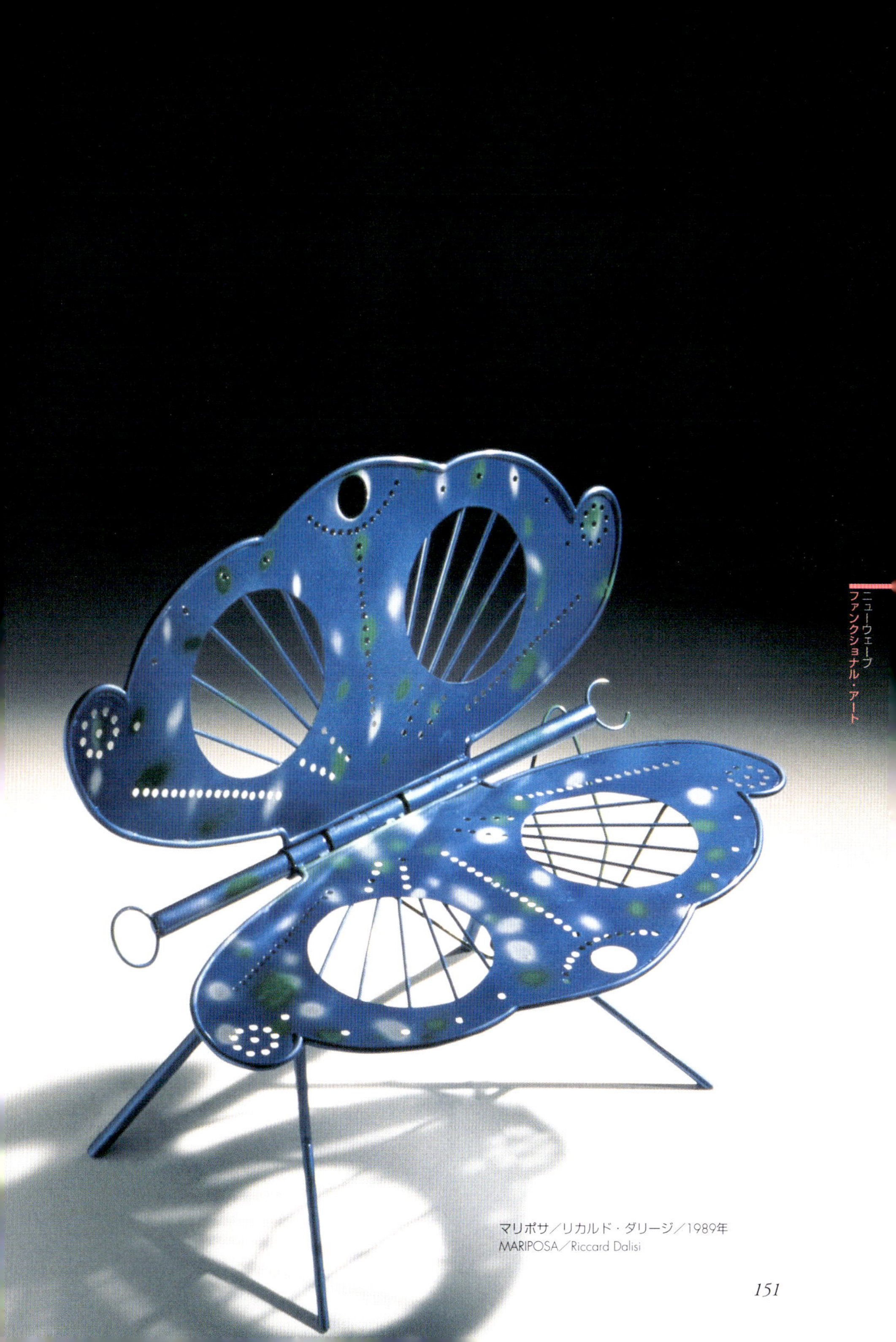

マリポサ／リカルド・ダリージ／1989年
MARIPOSA／Riccard Dalisi

マリリーン／ハンス・ホライン／1984年
MARILYN ／Hans Hollein

# ファンクショナル・アート

## Functional Art

ポスト・モダンの流れはグローバル化し、デザインの多様化、個性化はさらに進み、美術・造形的様相が顕著となった。サードジェネレーションと呼ばれる第三世代の若手デザイナーの登場によるニューウェーブである。

新技術に手工芸を取り入れた〈ネオ・モデルーノ〉、自然素材を用いた〈プリミティズム〉、ユーモアやアイロニーを表現した〈オルターナティズム〉など、機能性に芸術性を合わせもつファンクショナル・アートがコンテンポラリー・モダンに新しい展望をみせている。その背景には、時空を超えた感性の共感性のもと、モダン・デザインの神話崩壊、デザインアートの復権があり、その表情には一部世紀末的様相さえあるが、ニューウェーブの一大潮流として、斬新かつ鮮明に構築されつつある。

同アートを代表するデザイナーには、スペインでは革新的な作品を発表したハビエル・マリスカル、「ガウリーノ」で知られるオスカー・トゥスケツ、ジョゼップ・リュスカ、イタリアでは〈第二のモダニティ〉論のアンドレア・ブランジ、「トルソ」のパオロ・デガネロ、ミュータント的作品を発表したガエターノ・ペッシェ、アンチ・デザインでロマンとポエムを感じさせるリカルド・ダリージなどがいる。

# ハビエル・マリスカル

## Javier Mariscal

1950年スペインのバレンシアに生まれ、71年バルセロナのエリザバ美術大学を卒業、80年代インテリアから食器、イラスト、ポスター、タペストリーなど幅広い分野で活動した。81年フェラン・サラス、ペペ・コルテスらと共同で活躍、多彩かつ革新的作品を多く発表している。85年ブリュッセルのユーロパリアにスペイン代表として参加、特に、92年バルセロナ・オリンピックのマスコット「コビ」(Cobi) のデザインで世界に知られている。

ビスクテ
ハビエル・マリスカル
1988年
シャープトレーディング
BISUKUTE
Javier Mariscal

"無邪気にあるいは皮肉をもって形態、機能を変え、目と心を楽しませたい"(ハビエル・マリスカル)。

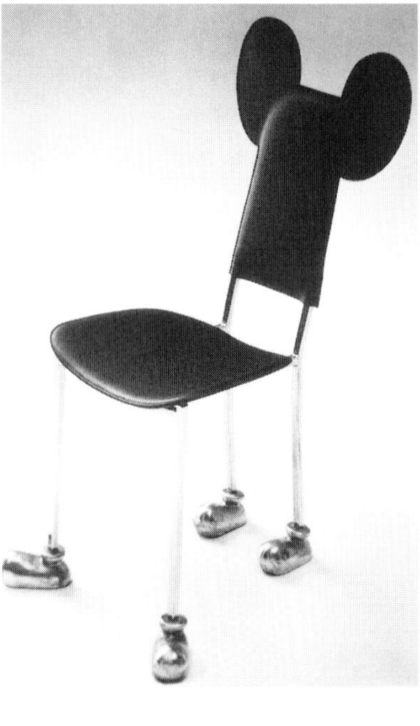

ガリリ
ハビエル・マリスカル
1988年
AKABA／バルセロナ・デザインセンター
GARRIRI
Javier Mariscal

"ミッキーマウスチェア"とも呼ばれているユーモラスな作品。

# オスカー・トゥスケツ

## Oscar Tusquets

1941年スペインのバルセロナに生まれ、65年バルセロナ建築工科大学を卒業。在学中に建築家ペップ・ボネらとスタジオ・ペルを設立、80年以降ヨーロッパやアメリカの各大学で講師を歴任。バルセロナでトゥスケツ＆アソシエーツ研究所を開設し、建築から家具デザイン、商業デザインの広い分野で活動している。FAD賞、ゴールデン・デルタ賞など受賞も多い。

**ガウリーノ**
オスカー・トゥスケツ
1987年
W55×D51×H84×SH46
BC／モーリ・ショップ
GAULINO
Oscar Tusquets
ナラ材、座：皮革張り

スペインの巨匠A.ガウディとカルロ・モリーノに敬意を表し、オマージュとして生まれたという。有機的でスペイン風土のもつ鮮烈なイメージである。ガウリーノとは海に棲む怪魚の意味もある。

**アバニカ**
オスカー・トゥスケツ
1989年
W52×D56×H86×SH48
ALEPH／ヤマギワ
ABANICA
Oscar Tusquets
アルミ、ラタン張りスタッキング式

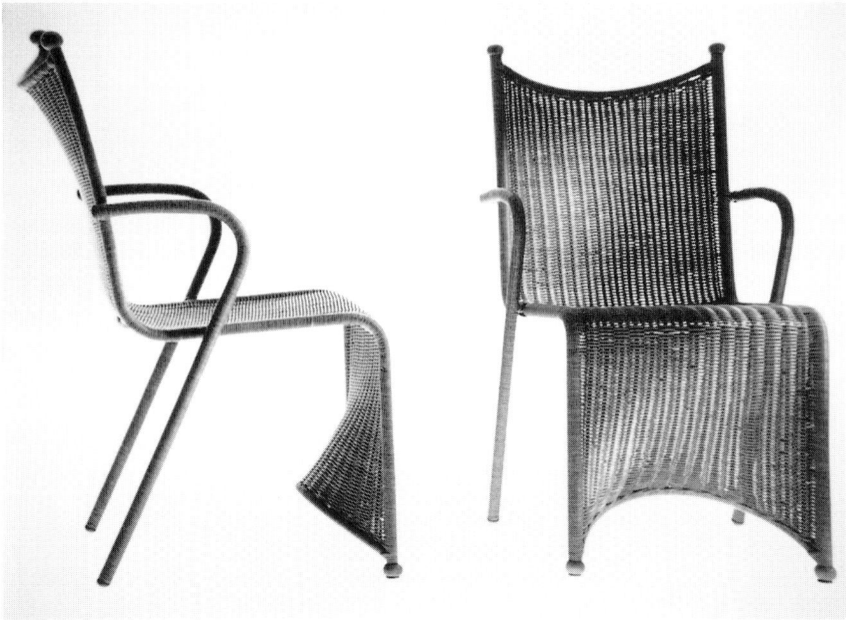

パリオ
オスカー・トゥスケツ
W51×D62×H90×SH45
Driade／ヤマギワ
PALIO
Oscar Tusquets

ラタン張り

フィリピナ
オスカー・トゥスケツ
W65×D62×H84×SH44
Driade／ヤマギワ
FINA FILIPINA
Oscar Tusquets

ラタン張り

# ジョゼップ・リュスカ

Josep Llusca

1948年スペインのバルセロナに生まれ、60年バルセロナのエイナ（Eina）デザイン専門学校を卒業後、69—73年カナダのモントリオール美術学校に留学。パリとニューヨークで活動後帰国、エイナデザイン専門学校の教授に就任した。イタリア工業デザイン協会（ADI）デルタ銀賞など受賞も多い。

**ビーシーエヌ**

ジョゼップ・リュスカ
1988年
ENEA／バルセロナ・デザインセンター
B.C.N
Josep Llusca

“デザインの善し悪しは文化、美、伝統、ユーモアといった価値を総合し、伝達できるかで決まる”（ジョゼップ・リュスカ）。

**シーラ**

ジョゼップ・リュスカ
W46×D53×H82×SH45
Driade／ヤマギワ
SILLA
Josep Llusca

アルミニウム、ポリプロピレン樹脂、スタッキング可

# ホルヘ・ペンシ

## Jorge Pensi

1946年アルゼンチンのブエノスアイレスに生まれ、77年バルセロナでアルベルト・リエボレとグルツポ・ベレンゲル事務所を開設し、家具と照明器具の分野で活動。84年にはバレンシア家具見本市の国際家具用品サロン（SIDA）の展示スペースのデザインを担当した。国際家具用品サロン賞、イタリア工業デザイン協会（ADI）賞など受賞も多い。

**トレド**
ホルヘ・ペンシ
1988年
Amat（スペイン）／バルセロナ・デザインセンター
TOLEDO
Jorge Pensi

アルミ鋳物、アルミニウム
スペインのストリートカフェのためにデザインしたもので、全体のフォルムはガウディの作風を想起させる。

# ルイス・クロテット

## Lluis Clotet

1941年スペインのバルセロナに生まれ、65年エスクェラ建築工科大学を卒業後、83年までオスカー・トゥスケツ、クリスチャン・シリシらと共同で活動。77—84年まで教授、オブジェのデザイン会社B.D.エディシオネス・デ・デイヤーニョ社の設立に参加している。代表的な作品にはグラナダの「パラシオ・デ・ロス・デポルテス」(92年)、オリンピック村の「ヴィヴィエンダス」(92年) などがある。

メデュラ
ルイス・クロテット
W65×D66×H88×SH38
Driade／ヤマギワ
MEDULA
Lluis Clotet

# アンドレア・ブランジ

## Andrea Branzi

1938年イタリアのフィレンツェに生まれた建築家、デザインコンサルタント。〈ラディカル〉建築運動の理論家として数多くの著作があり、代表的な作品は『1950年代のイタリア・デザイン』。コンパッソ・ドーロ・デザイン賞受賞（79年）、89年には名古屋で開かれた世界デザイン会議で〈第二のモダニティ〉論を展開し注目された。

アルミダ
アンドレア・ブランジ
W52×D57×H90×SH45
Zanotta／ノバ大島
ARMIDA
Andrea Branzi

スチールフレーム、革、硬質ポリウレタン

エルフォ
アンドレア・ブランジ
1985年
W140×D65×H85×SH45
Zanotta／ノバ大島
ELFO
Andrea Branzi

素材に原始性を求めた〈ネオプリミティブ〉の代表作。

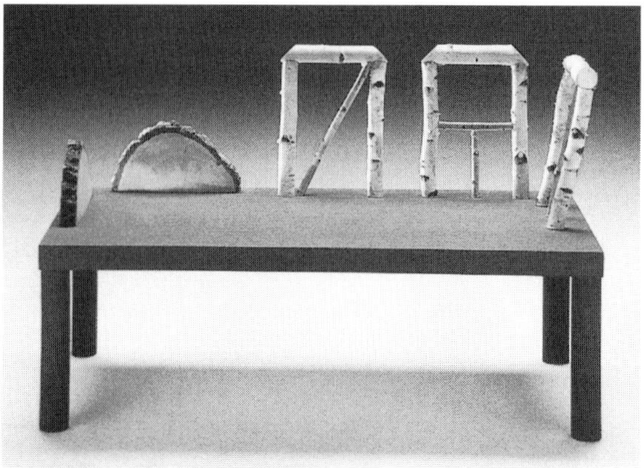

## リヴァース

アンドレア・ブランジ
W58×D51×H76×SH45
カッシーナ・イクスシー青山本店
REVERS-952
Andrea Branzi

フレーム：アルミダイキャスト
アーム・座：ブナ材

## ニコーラ

アンドレア・ブランジ
1992年
W58×D88×H100×SH44
W39×D46×H40（スツール）
Zanotta／ノバ大島
NICCOLA
Andrea Branzi

## ルベッカ

アンドレア・ブランジ
W47×D49×H90×SH46
カッシーナ・イクスシー青山本店
LUBETHUKA
Andrea Branzi

トネリコ材（黒塗り）、座：厚革

# パオロ・デガネロ

## Paolo Deganello

1940年イタリアのエステに生まれ、66年フィレンツェ大学建築学科を卒業、ドットーレインアルキテットゥーラ修士課程を修了後、アンドレア・ブランジ、マッシモ・モロッツィらとともにアーキズムスタジオを設立。75年にはジルベルト・コレッティらとCollettivo Tecnici Progettisti社を設立し、建築、デザイン、都市計画の広い分野で活躍。フィレンツェ大学とロンドン建築協会で講師を兼ねた。83年には「チューリヒ・ヒストリック・センター」のプロジェクトを手がけている。

### トルソ

パオロ・デガネロ
1982年
W103×D88×H92×SH45
メタ／カッシーナ・イクスシー青山本店
TORSO
Paolo Deganello

スチール、発泡ウレタン、布張り
アンシンメトリックで軽快なフォルムには、従来のモダン・デザインにない優美さと自由な開放感を感じさせる。80年代ニューウェーブを代表する作品。

### ドメスティコ

パオロ・デガネロ
1993年
W220×D84×H97×SH44（三人掛け）
W156×D84×H97×SH44（二人掛け）
W92×D84×H97×SH44（アームチェア）
Zanotta／ノバ大島
DOMESTICO
Paolo Deganello

# ボレク・シペック

# Borek Sipek

1949年チェコのプラハに生まれ、プラハのアート・アカデミーで家具デザイン、ドイツのハンブルクで建築を学び、オランダのデルフト工科大学で建築学博士号を得る。アムステルダムで建築、プロダクトのデザイナーとして活動。ガラス工芸の分野での評価も高く、官能的かつ独創的イメージで強烈なインパクトをもつ作品が多い。アート性を追求するファンクショナル・アートを代表するデザイナーとして知られる。

**プロスィムスニ**
ボレク・シペック
1986年
W166×D84×H94×SH48
Soft
PROSIMSNI
Borek Sipek

機能的でありながら、アート性を追求したファンクショナル・アートの代表作。

# ガエターノ・ペッシェ

## Gaetano Pesce

1939年イタリアのスペツィアに生まれ、63年ヴェネツィア大学建築学科を卒業後、建築、家具、デザイン、絵画、彫刻などの多方面で活動。69年カッシーナ&ブズネリ社のために協力、71年にブラッチョディフェロ社を設立、75年からストラスブール大学の建築学部で教鞭をとった。83年よりニューヨークに移住、クーパーユニオンの教授となる。90年代のキーワードは〈超高級・生体化・第二のモダニティ〉であるとして、ミュータント的作品を数多く発表している。

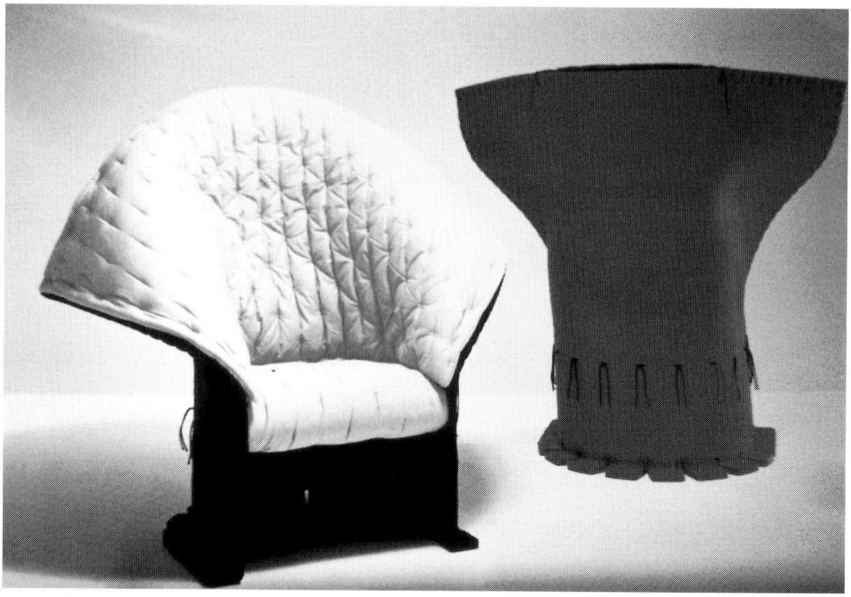

**フェルトリ**

ガエターノ・ペッシェ
1987年
W74×D64×H98～140×SH41
Cassina／カッシーナ・イクスシー青山本店
FELTRI
Gaetano Pesce

"作品は自分自身を表現し、同時にひとつの芸術品であらねばならない"（ガエターノ・ペッシェ）。ニューヨーク近代美術館永久展示品。

# ジョルジョ・ラガツィーニ

## Giorgio Ragazzini

1960年イタリアのイモラに生まれ、87年ミラノのドムス・アカデミーで修士号を取得、母校の教授を勤めながら、家具デザインを中心に活動している。

アイダ
ジョルジョ・ラガツィーニ
1988年
W59×D45×H84×SH46
MAZZEI
AIDA
Giorgio Ragazzini

ウォールナット材またはチェリー材
作品は1988年のミラノ国際見本市に出品され好評を博した。

# ロベルト・ラッツェローニ

# Roberto Lazzeroni

イタリアのピサに生まれ、フィレンツェ大学で建築とアートを専攻。卒業後、70年代後半から工業デザインとインテリア、建築の多方面で活動。チェコッティ・コレツィオーニ社の大部分のデザインと全体のアートディレクターを勤めている。

D.R.D.P.

ロベルト・ラッツェローニ
1989年
W165×D80×H82×SH42
Ceccotti／チェコッティ・コレツィオーニ
D.R.D.P.
Roberto Lazzeroni

アメリカンチェリー、布または皮革張り
"木のもつ自然な味わいとイタリアン・モダン・デザインの融合"がコンセプトという。チェコッティ・コレツィオーニ社の代表作。

スタートレック

ロベルト・ラッツェローニ
1994年
W65×D61×H109×SH39
Ceccotti／チェコッティ・コレツィオーニ
STAR TREK
Roberto Lazzeroni

アメリカンチェリー、布または皮革張り

# リカルド・ダリージ

## Riccard Dalisi

1931年イタリアのポテンツァに生まれ、ナポリ大学建築学科を卒業後、建築、工業デザインの分野で活躍。70年代の〈アンチデザイン〉〈ラディカルな建築〉の活動に参加、81年にコンパッソ・ドーロ・デザイン賞を受賞。多数の著作の中では、特にA.ガウディに関するものが有名。ファンクショナル・アートを代表するデザイナー。

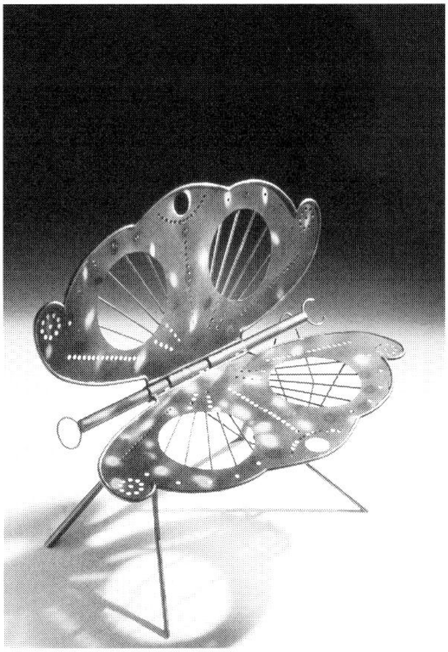

**マリポサ**
リカルド・ダリージ
1989年
W102×D55×H88×SH40
Zanotta／ノバ大島
MARIPOSA
Riccard Dalisi

作品の多くは従来にない発想と造形によるアンチデザインで、ロマンとポエムを感じさせる。

**クレシドラ**
リカルド・ダリージ
1987年
W55×D48×H76
Zanotta／ノバ大島
CLESSIDRA
Riccard Dalisi

# ハンス・ホライン

## Hans Hollein

1934年オーストリアのウィーンに生まれ、56年ウィーン美術アカデミー建築科を卒業後、シカゴのイリノイ工科大学に学び、60年カリフォルニア大学で修士号を取得。各国の建築事務所で修行後、64年ウィーンに事務所を開設、同年デュッセルドルフ美術アカデミー建築科の教授に就任、79年ウィーン工芸アカデミーの教授となる。代表作には「レッティ・キャンドルショップ」「ジュリン宝飾店」（ウィーン）、「ザルツブルク美術館」などがある。レイハレズ賞（66年）、オーストリア国家賞（74年）、ローゼンタール賞など、受賞も多い。

マリリーン
ハンス・ホライン
1984年
W238×D95×H85
Poltronova
MARILYN
Hans Hollein

メープル材、布張り
アール・デコ風のフォルムは、マリリン・モンローのイメージから発想したという。

# ザハ・ハディド

## Zaha Hadid

1950年イラクのバグダッドに生まれ、ベイルート・アメリカ大学を卒業後、ロンドンのアーキテクチュアル・アソシエーション（AA）・スクールで建築を修め、77年からオフィス・フォー・メトロポリタン・アーキテクチュアで活動、80年にロンドンでオフィスを開設し、欧米各地で活動。90年にはベルリンと東京で三つの建築プロジェクトを担当、特に香港「ザ・ピーク計画」が有名。ブリティッシュアーキテクチュア金賞（82年）、香港ピーク国際コンペ1等など受賞も多い。

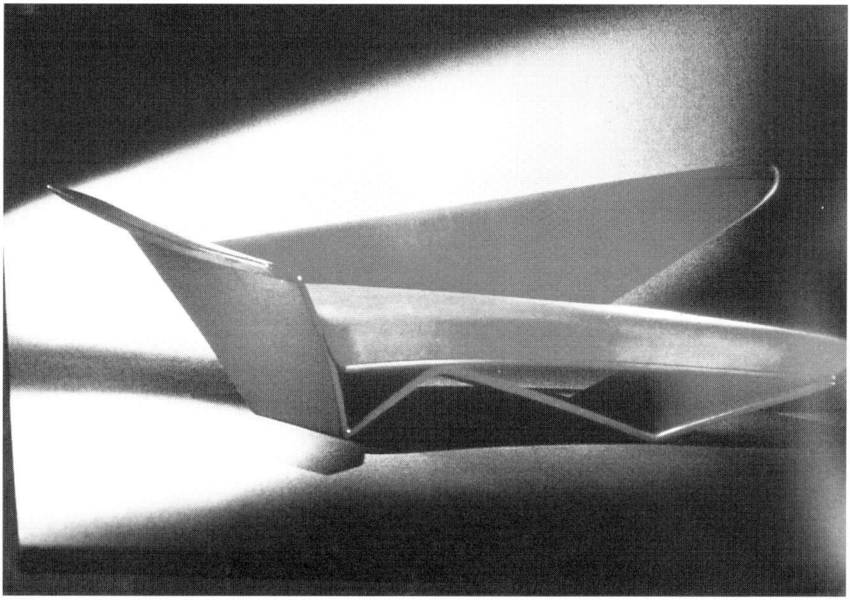

レッド
ザハ・ハディド
1988年
W260×D110×H77
Edra
RED
Zaha Hadid

ダイナミックで躍動感のあるフォルムは、ロシア構成主義の影響下にあるものと評されている。

# アルベルト・メダ

## Alberto Meda

1945年イタリアに生まれ、69年ミラノ工科大学を卒業後、73年までマグネッティ・マレリと共同研究、79年エンジニア・コンサルタントとして独立。83年よりドムス・アカデミーで教授、デザイン・ディレクターを兼務、エッツィオ社やアリアス社のためにデザインを発表した。コンパッソ・ドーロ・デザイン賞受賞（89年）。

### ハイフレーム

アルベルト・メダ
W45×D56×H79×SH45
Alias／カッシーナ・イクスシー青山本店
HIGH FRAME
Alberto Meda

アルミニウム、背・座：ポリ塩化ビニール（PVC）ポリエステルネット
成型アルミで軽量化、ポリエステルネットで快適な弾力性がデザインされている。

### アームフレーム

アルベルト・メダ
1996年
W54×D93×H70×SH37
Alias／カッシーナ・イクスシー青山本店
ARM FRAME
Alberto Meda

アルミニウム、背・座：ポリ塩化ビニール（PVC）ポリエステルネット
軽快なラインが美しいシンプルなフォルム。

# ルーカ・スカケッティ

Luca Scacchetti

1952年イタリアのミラノに生まれ、75年ブレラ大学建築科を卒業、ミラノ工科大学建築科教授。数多くの展示会に参加、『カサベラ』『インテルニ』などに紹介され注目された。空港ビルなどの公共建築から家具までの広い分野で活躍中。

ハイドロ・キャスター
ルーカ・スカケッティ
1992年
W73×D70×H73×SH43
Poltrona Frau／ヤマギワ
HYDRA CASTOR
Luca Scacchetti
スチール、皮革張り

# ロン・アラッド

## Ron Arad

1951年イスラエルのテル・アビブに生まれ、エルサレムの美術アカデミーを卒業後、74年ロンドンのアーキテクチュアル・アソシエーション（AA）・スクールに入学、卒業後、81年ワン・オフを設立し活動した。ヴィトラ社やポルトロノヴァ社、モロソ社の家具デザインに参画、アルミニウムやスチールの曲げ加工による彫刻的フォルムに特徴がある。97年よりロンドンの王立芸術学院の教授に就任。

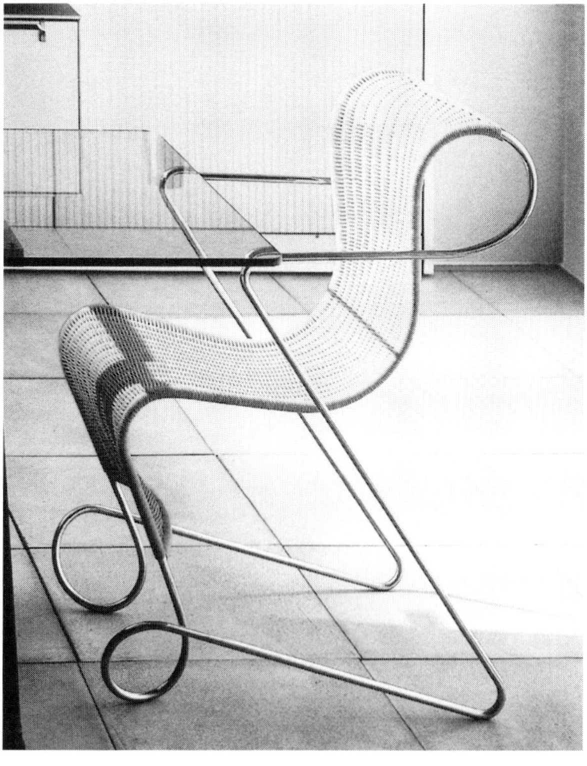

ジオ
ロン・アラッド
1992—93年
W53×D61×H88×SH45
Driade／ヤマギワ
ZIGO
Ron Arad

曲線による有機的フォルムの中に、洗練されたアーチストの感性が感じられると評された。

# フィリップ・スタルク

## Philippe Starck

1949年フランスのパリに生まれ、66年パリのカモンド美術工芸大学を卒業後、P.カルダンのアートディレクターを勤めた後渡米、店舗デザイン、工業デザインの分野で活動。82年「ミッテラン大統領室」、84年パリ・レアールの「カフェ・コスト」のインテリアを手がけた。日本では東京・神宮前の「リストランテ・マニン」、吾妻橋の「アサヒビル」などで有名。食器からメガネ、照明器具、ヨット、建築までの広い分野で活躍する世界的なスタープレーヤーである。

**コスト**

フィリップ・スタルク
1982年
W48×D55×H80×SH47
Driade／ヤマギワ
COSTES
Philippe Starck

スチール、シェル：成型合板、座：黒革張り
オリジナルはパリのカフェ・コストのためにデザインしたもので、彼の作品中の数多いベストセラーのひとつ。シェルのカーブはアール・デコのイメージでコラボレーションの時代を予見させる。

**ボーゲルサング**

フィリップ・スタルク
1984年
W54×D51×H72×SH43
Driade／ヤマギワ
VOGELSANG
Philippe Starck

スチール、パンチングスチール、スタッキング式

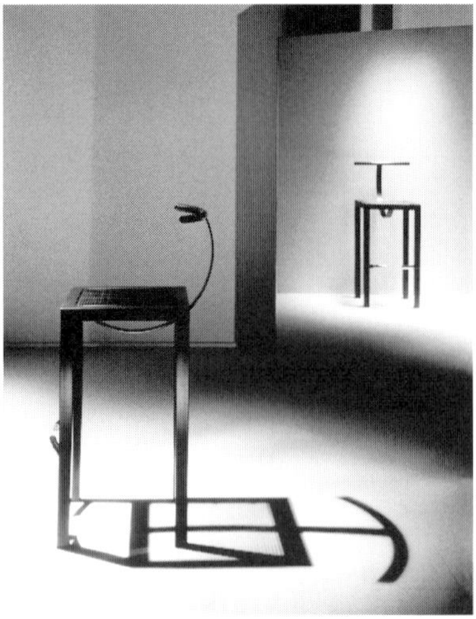

## サラピス

フィリップ・スタルク
1984年
W35×D46×H86×SH62
Driade／ヤマギワ
SARAPIS
Philippe Starck

スチール（ダークグレー塗装）

## ローラ・モンド

フィリップ・スタルク
1986年
W35×D53×H85×SH46
Driade／ヤマギワ
LOLA MUNDO
Philippe Starck

アルミダイキャスト、積層合板
背を折り畳むとテーブルになる。ロココ様式の特徴であるカブリオールレッグをもつ、リベラル・モダン的フォルム。

## W.W.スツール

フィリップ・スタルク
1990—91年
W53×D56×H97
Vitra／インター・オフィス
W.W.STOOL
Philippe Starck

アルミダイキャスト
映画のセットのためにデザインした。シュルレアリズム風フォルムはまさにファンクショナル・アート。

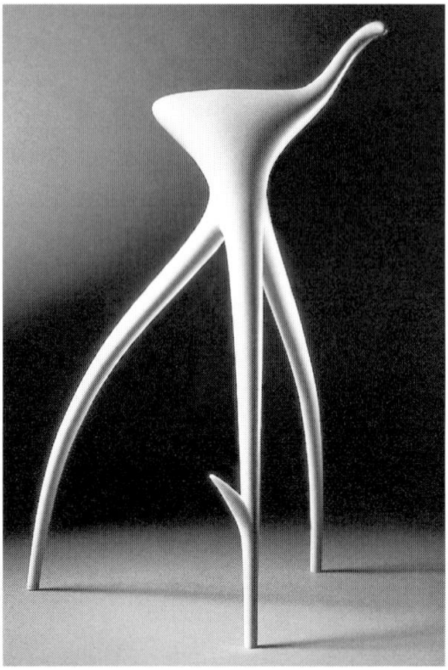

## アサヒー

フィリップ・スタルク
1989年
W46×D55×H93×SH45
Driade／ヤマギワ
ASAHY
Philippe Starck

オリジナルはアサヒビール吾妻橋ホールのためにデザインしたもの。

# アレックス・ストゥループ

Alex Strub

1973年スイスに生まれ、95年大学卒業後、ミケーレ・デ・ルッキ・スタジオで活動。96年イデーとともに商品開発を始める。98年スイスにスタジオを開設した。

ブラスフォーム
アレックス・ストゥループ
W83×D86×H71×SH45
IDÉEショップ
BLASFOME
Alex Strub

幾何学的でシンプルなフォルムの中に、アール・デコ風のイメージをもつ、リベラル・モダンの作品。

# カリム・ラシッド

## Karim Rashid

1960年エジプトのカイロに生まれ、イギリス及びカナダで育つ。82年カナダのカールトン大学工業デザイン科を卒業後、R.ボネットやE.ソットサスのスタジオで活動。92年ニューヨークにカリム・ラシッド・インダストリアル・デザインを設立した。幅広い分野で創造活動を行っているニューウェーブの人。

**エイフェックス**
カリム・ラシッド
W44×D58×H82×SH47
IDÉEショップ
A PHEX
Karim Rashid

幾何学的かつ有機的フォルムは“官能的ミニマリズム”と称された。

**ラウンジ**
カリム・ラシッド
W65×D106（124）×H102（72）×SH37
IDÉEショップ
LOUNGIN
Karim Rashid

フットシートを取り外してヘッドシートになり、ハイバックチェアとしても使える。

# クリスチャン・ギオン

## Christian Ghion

1958年フランスに生まれ、86年Etude e Creation de Mobilier（ECM）を卒業。パトリック・ナドーとパートナーを組んだ後、97年独立した。作品にはグッゲンハイム美術館永久展示品もある。



**ハンチェア**
クリスチャン・ギオン
W48×D48×H85×SH45
IDÉEショップ
H.A.N
Christian Ghion

ベース：アルミニウムキャスト
支柱：スチールパイプ

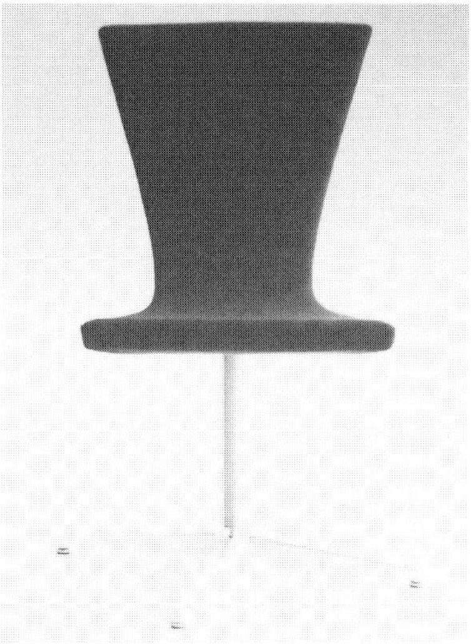

**ファイアー・サイド**
クリスチャン・ギオン&パトリック・ナドー
W80×D76×H80×SH40（左）
W72×D76×H80×SH40（右）
IDÉEショップ
FIRE SIDE
Christian Ghion & Patrick Nadeau

シンプルで大胆なラインがフォルムの中に、エネルギーを感じさせる。

# マーク・ニューソン

## Marc Newson

1963年オーストラリアのシドニーに生まれ、84年シドニー芸術大学を卒業後、ヨーロッパを拠点に活動。特に彫刻的流線型のフォルムで、国際的に注目されているオーストラリアの若手デザイナー。87年からIDÉEとコラボレーション活動、パリを経て97年ロンドンでオフィスを設立。オメガやフォードなど幅広い分野で活躍している。

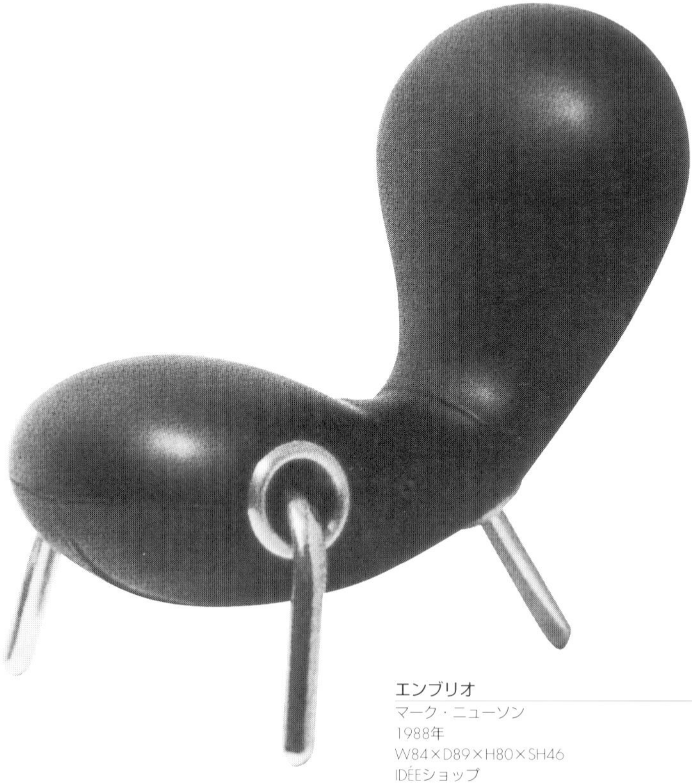

**エンブリオ**
マーク・ニューソン
1988年
W84×D89×H80×SH46
IDÉEショップ
EMBRYO
Marc Newson

サーフボードやウェットスーツの素材を取り込んだ斬新な発想と独特の有機的なフォルムで知られているニューソンの代表作品。

# マシュー・ヒルトン

Matthew Hilton

1957年イギリスのヘースティングに生まれ、ポーツマス美術大学、キングストン工科大学を卒業後、84年にオフィスを開設した。家具デザインの多くは、曲線による有機的フォルムが特徴。

アンタレス
マシュー・ヒルトン
W88×D88×H104×SH45
Driade／ヤマギワ
ANTARES
Matthew Hilton

斬新で有機的なフォルムには21世紀のデザインを予見させるものがある。

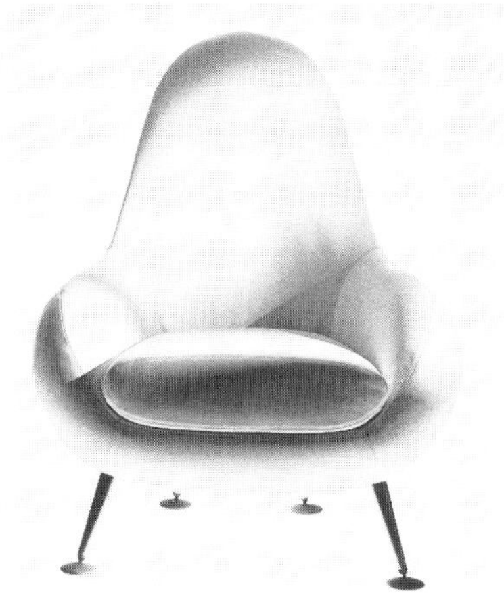



マーキュリー
マシュー・ヒルトン
W200×D89×H80×SH41
Driade／ヤマギワ
MERCURY
Matthew Hilton

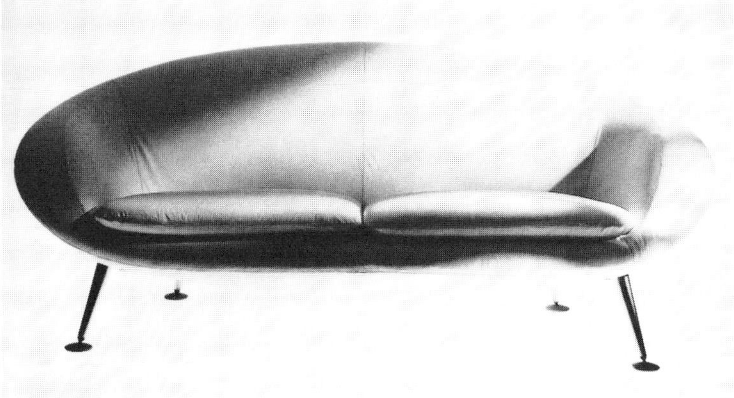

# ロス・ラブグローブ

## Ross Lovegrove

1958年イギリスのウェールズに生まれ、80年マンチェスター工科大学を卒業、83年ロイヤル・カレッジ・オブ・アートで修士号を得、フロッグ・デザインのスタッフとして活動後、88年以降ロンドンにアトリエを設立、日本航空などの日本企業をはじめとする多くのプロジェクトを手がけた。ソニーのウォークマン、アップル社のコンピュータのデザインも担当、オーガニック・デザインの世界的旗手として知られている。

**スパイダー**
ロス・ラブグローブ
W69×D54×H80×SH45
Driade／ヤマギワ
SPIDER
Ross Lovegrove

スチール、ポリプロピレン
この作品には、本体のカラーと脚部にバリエーションが用意されている。

**アポロ**
ロス・ラブグローブ
W82×D152×H92×SH40
Driade／ヤマギワ
APOLLO
Ross Lovegrove

スチールフレーム、ラタン巻き
オリジナルの寝椅子はイタリアのドリアデ社のためにデザインしたもの。新鮮な発想と有機的フォルムで、「スパイダー」とともにロス・ラブグローブの代表作となった。

サーコ／ピーター・マリー／1998年
CIRCO／Peter Maly

ルー・ドゥ・バック-5001／アンドレ・プットマン／1990年
RUE DU BAC／Andree Putman

LH-7512／ルッド・ティエセン
LH-7512／Rud Thygesen

ミカド／ヨハネス・フォーサム＆ピーター・ヨルト・ローレンツェン
MIKADO／Johannes Foersom & Peter Hiort-Lorenzen

# コラボレーション

## Collaboration

近年のニューウェーブはグローバル化による感性の共有化が進み、国家や地域、さらには時代や文化を越え、全体を融合した新解釈によるデザインの再構築がみられ、クロスオーバーを特徴とするコラボレーション（混交）が21世紀の潮流として主流を構築しつつある。

新解釈による1920〜30年代の作品の復刻〈レトロ〉、モダンにクラッシックを折衷させた〈リベラル・モダン〉や、さまざまな要素がクロスオーバーした〈エクレクティック（折衷）〉、〈ハイブリット〉などがその例である。

特に、インテリアコーディネートの世界では、西洋と東洋の感性が混合した〈オーセンティックセレニディ〉、オリエンタルを特化した〈スピリチュアル・デコ〉、前述の〈リベラル・モダン〉が注目されている。

代表的なデザイナーには、近年のロス・ラブグローブ、フィリップ・スタルクをはじめとし、多方面で活躍中のアンドレ・プットマン、ピーター・マリーなどがいる。特に近年では、北欧、スイスやイスラエル、エジプトなどの若手デザイナーの台頭が目につく。

# ピーター・マリー

## Peter Maly

1936年ドイツに生まれ、デトモルト大学を卒業後、60年代にインテリア・デザイナー・チームのシェーナー・ヴォーネンを率いる。70年にハンブルクでデザインスタジオを設立して活動。家具デザイナーとしてだけではなく、見本市や展示会のデザインにも参画している。作品の多くはシンプルな幾何学的フォルムが特徴で、数多くの国際的な賞も受賞している。

**サーコ**

ピーター・マリー
1998年
①W80×D70×H74×SH46
②W69×D61×H73×SH46
COR／アイデック
CIRCO
Peter Maly

総革張り（写真中）、背：テープ、座：革張り（写真左右）
1998年のケルン国際家具見本市で発表され、ユニークなフォルムで話題になった作品。

**セラ**

ピーター・マリー
W68×D94×H105
W60×D63（オットマン）
COR／アイデック
SERA
Peter Maly

## マト

ピーター・マリー
W72×D78×H83×SH40
COR／アイデック
MATO
Peter Maly

メープル材、テープ張り
二〜三人掛けのスツールがあり、バックやアームを取り付けるとソファになる。

## ダイニングチェア

ピーター・マリー
W55×D53×H82×SH46
Thonet／アイデック
DINING CHAIR-737F
Peter Maly

ブナ材積層成型、テープ張り

## TN711/65

ピーター・マリー
W45×D46×H80×SH45
STUDIO-LINE／ショップイノベーター＆カサブランカ（村田合同）
TN711/65
Peter Maly

ブナ材、背：アルミニウム

# ウルリッヒ・ヴォーメ

# Ulrich Boehme

1936年ドイツのロストクに生まれ、ドレスデン及びゲーテンゲン大学を卒業、ドイツのハノーバー、シュトゥットガルト、スイスのチューリヒなどの建築事務所で活動。73年以降、多くの家具デザインを発表している。

S-320
ウルリッヒ・ヴォーメ&ヴォルフ・シュナイダー
W60×D59×H78×SH43
Thonet／アイデック
S-320
Ulrich Boehme & Wulf Schneider

背座：ブナ積層合板、前脚：ブナ材、後脚：スチールロット
背座にはウレタンフォームに布張りのものもある。

S-570
ウルリッヒ・ヴォーメ&ヴォルフ・シュナイダー
W60×D56×H78×SH44
Thonet／アイデック
S-570
Ulrich Boehme & Wulf Schneider

不等厚成型のフォルムで掛け心地がよい。

# ウェザー・トフォローニ

## Werther Toffoloni

1930年イタリアのウディネに生まれ、ヴェネツィアの美術学校を卒業後、教職に就く。その後、ピエーロ・パランジと共同で工業デザインに専念、デザイナー及びコンサルタントとして多くの企業に携わる。コンパッソ・ドーロ・デザイン賞を受賞。

### ユニ

ウェザー・トフォローニ
W55×D52×H79×SH44（左端）
ALMA／アイデック
UNI
Werther Toffoloni

ブナ材、積層合板、布張り
背のパターンやアーム、スタッキング材を8種類の中から必要に応じて選択できるセミオーダー・チェア。

### メディア

ウェザー・トフォローニ
W55×D47×H73×SH45
Studio Line／ショップイノベーター&カサブランカ
MEDIA
Werther Toffoloni

テーパードスチール、ウッド

# クラウディオ・カラメル

# Claudio Caramel

1957年イタリアのパドバに生まれ、ヴェネツィア建築大学を卒業後、母校の助手を勤めながら、工芸デザイナーとして活動。86年ドア・ハンドルメーカーの工芸部長に就任、アクセサリー会社、家庭用品メーカー、コーヒーメーカー、時計バンド、陶磁器メーカーなどのコンサルタントを兼務している。

エレット
クラウディオ・カラメル
W42×D43×H83×SH43
ALMA／アイデック
ELETTO
Claudio Caramel

ブナ材、ペーパーコード編みまたは布張り

# アドルフォ・ナタリーニ

## Adolfo Natalini

1941年イタリアのピストイアに生まれ、66年フィレンツェ大学建築学部を卒業後、アバンギャルドグループ〈スーパースタジオ〉を結成。79年よりフランクフルト、エルサレム、ヴェネツィア、フィレンツェにおいて活動。現在フィレンツェ大学建築学部教授。

スタムガスト
アドルフォ・ナタリーニ
W44×D48×H84×SH45
Driade／ヤマギワ
STAMMGAST
Adolfo Natalini

チェリー材、成型合板

# アンドレ・プットマン

## Andree Putman

パリに生まれ、作曲家、ジャーナリストを経て、78年プロモーターデザイン事務所エカール・インターナショナルを開設、インテリア、家具、プロダクトの分野で活動。代表作には「ティエリー・ミュグレーのブティック」、ニューヨークの「ホテル・モーガンズ」などがある。また、マレー・ステヴァンやアイリーン・グレイなどの過去の優れたデザイナーのリプロデュースでも知られている。

**ルー・ドゥ・バック**

アンドレ・プットマン
W47×D51×H76×SH43
The Harlem
RUE DU BAC-5001
Andree Putman

ナラ材、布張り、背部にハンドル付

**ル マレ**

アンドレ・プットマン
W70×D70×H81×SH46
I-D EDITION／カッシーナ・イクスシー青山本店
LE MARAIS
Andree Putman

スチールパイプ、布張り
オリジナルは、アンドレ・プットマンがホテルのインテリアを手がけたときにデザインしたもの。

# マッシモ・ヴィニエリ

## Massimo Vignelli

1931年イタリアのミラノに生まれ、ミラノ芸術学校及びヴェネツィア大学で建築を学び、60年夫人のレッラとともにヴィニエリデザイン建築事務所を設立。71年にはニューヨークにスタジオを設立し、建築、インテリアからグラフィック、エディトリアルの広い分野で活動中である。64年コンパッソ・ドーロ・デザイン賞を受賞。

ハンカチーフ
マッシモ・ヴィニエリ
1985年
W58×D57×H74×SH46
Knoll／ノール・インターナショナル・ジャパン
HANDKERCHIEF
Massimo Vignelli

スチールワイヤーベース、強化プラスチック（FRP）
軽快でエレガントなフォルムが印象的なスタッキングチェア。

# エンリコ・フランツォリーニ

## Enrico Franzolini

1952年イタリアに生まれ、ヴェネツィアで建築学位を取得後、住宅建築と工芸デザイン部門で活動、アルマ社、アカデミア社、ノール・インターナショナル社などの家具メーカーのデザインを手がけている。

ジーナ

エンリコ・フランツォリーニ
W42×D54×H76×SH45
ALMA／アイデック
GINA
Enrico Franzolini

ブナ材積層合板、布張り
同シリーズには、背と座が板座のもの、肘受けをスチールにしたものもある。

トゥーネ

エンリコ・フランツォリーニ
W60×D58×H79×SH46
ALMA／アイデック
TURNE
Enrico Franzolini

ブナ材、布張り

# クルト・トゥト

## Kurt Thut

1931年スイスに生まれ、チューリヒ・コマーシャル・アートカレッジを卒業後建築、家具デザインの分野で活動。61年チューリヒでデザイン事務所を開設、76年ワルター・トゥト社の社長に就任した。

**S250F**

クルト・トゥト
W53×D50×H75×SH45
Thonet／アイデック
S250F
Kurt Thut

スチールパイプ、ブナ材積層成型合板
底面にはポリエステル・メッシュ（黒）もあり、軽快でリズミカルなカーブをもつフォルム。

# ヨゼフ・ゴルシカ

# Josef Gorcica

1936年オーストリアに生まれ、フリーランスのデザイナーとして経験を積んだ後、トーネット社のスペシャル・デザイナーに就任。トーネット社傘下のフリーランス・デザイナーたちの援助もしている。

S79F
ヨゼフ・ゴルシカ
W58×D62×H80×SH46
Thonet／アイデック
S79F
Josef Gorcica

スチールパイプ、ラテックス加工のウェビングシート張り、布張りカンティレバー式の会議用椅子。

# ドン・アルビンソン

# Don Albinson

1915年アメリカに生まれ、クランブルック及びイェール大学を卒業後、エーロ・サーリネンとC.イームズの事務所を経て、59年工業デザイン事務所を設立した。64〜71年にはノール社のデザイン・ディレクター、ウエスティンハウス社のコンサルタントを勤めた。カリフォルニア大学のインダストリアル・デザインの教鞭もとっている。

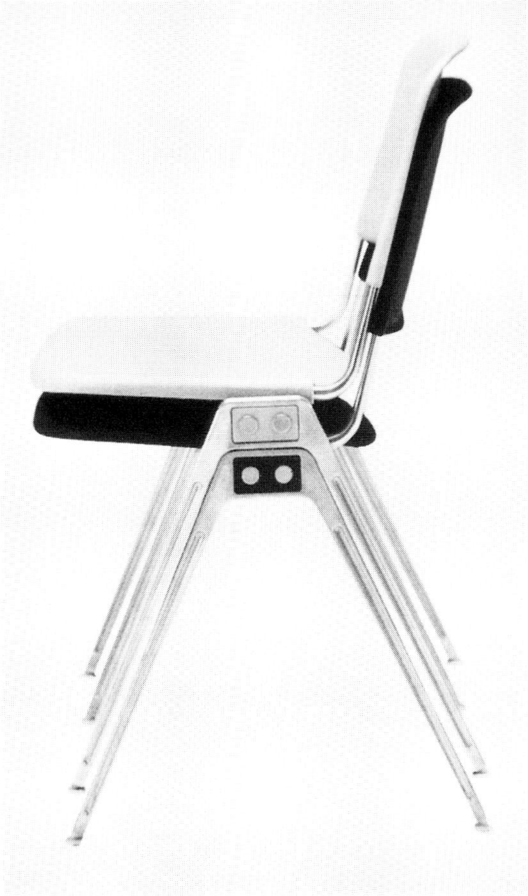

**スタッキングチェア**
ドン・アルビンソン
1965年
W52×D54×H79×SH45
Knoll／ノール・インターナショナル・ジャパン
STACKING
Don Albinson

アルミダイキャスト、プラスチック、布張り

# デイビス・アレン

# Davis Allen

1916年アメリカに生まれ、ロードアイランド州のブラウン大学を卒業後、スウェーデンに渡る。帰国後、イェール大学で修学後、スキッドモア・オウイングス&メリル（SOM）でパートナーとして働く。ノール社でフローレンス・ノールとノールプランニングユニットのプロジェクトを組織した。

**エグゼターチェア**

デイビス・アレン
1983年
W56×D57×H91×SH46
W55×D57×H91×SH46（アームレス）
Knoll／ノール・インターナショナル・ジャパン
EXETER
Davis Allen

メープル材着色、布張り

# チャールズ・フィスター

## Charles Phister

1940年アメリカに生まれ、65年スキッドモア・オウイングス&メリル（SOM）へ入所、81年スタジオを開設し、ノール社のデザインを中心に活動している。特に代表作の「プルアップ」チェアは、ロッキング機能を備えたオフィスチェアとして広く使用されている。

プルアップ
チャールズ・フィスター
1984年
W60×D60×H79×SH43
Knoll／ノール・インターナショナル・ジャパン
PULL-UP
Charles Phister

皮革張り

# ジョー&リンダ・リッキオ

## Joe & Linda Ricchio

1955年アメリカに生まれ、カリフォルニア州立大学のインダストリアル・デザイン科を卒業後、妻のリンダとともにデザイン活動を行う。ロン・ルーセンの事務所で設計に従事、イノラプロダクト&グラフィックデザインのパートナーとして活躍中である。

**リッキオチェア**

ジョー&リンダ・リッキオ
1990年
W55×D58×H82×SH47
Knoll／ノール・インターナショナル・ジャパン
RICCHIO
Joe & Linda Ricchio

メープル材、着色仕上げ、布張り

# エルマー・モルトケ・ニールセン

Elmar Moltke Nielsen

1924年デンマークに生まれ、王立美術大学建築科を卒業、75年からクヌード・フリスとともに多くのホテル、学校の建築を手がけている。エッカースベア賞（76年）、デンマーク家具賞（72年）、ハンセン賞（87年）など受賞も多い。

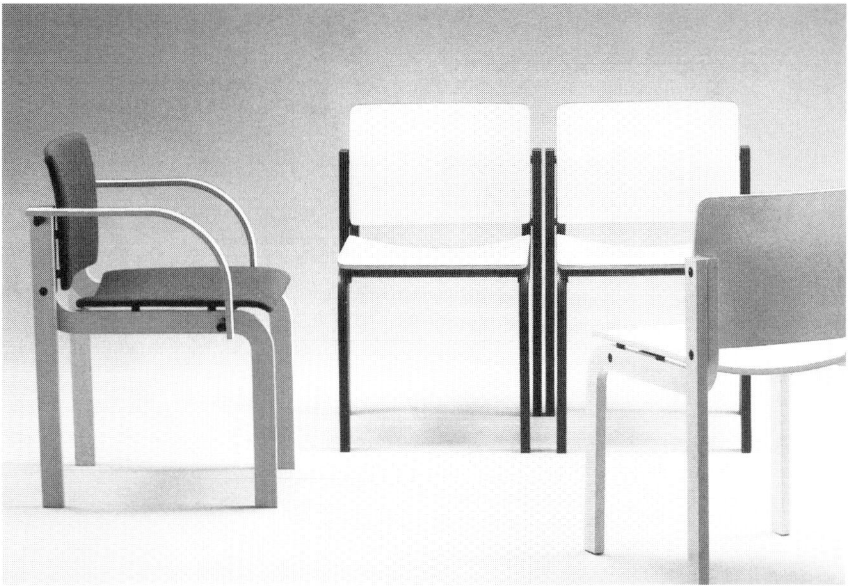

**エフエムチェア**

エルマー・モルトケ・ニールセンほか
1985年
W59×D52×H76×SH45
Fritz Hansen／ヤマギワ
FM
Elmar Moltke Nielsen,others

肘取り外し、スタッキング、連結固定などが可能なフレキシブルチェア。

# ルッド・ティエセン

## Rud Thygesen

1932年デンマークに生まれ、工芸学校を卒業後、66年ジョニー・ソーレンセンとともに事務所を設立し活動する。成型合板によるさまざまな家具を発表。家具工業組合コンペ第1位（68年）、デンマーク家具製作者協会名誉賞（71年）、デンマーク家具賞（78年）など受賞も多い。70年代以降のスカンジナビアン・デザインを代表する一人。

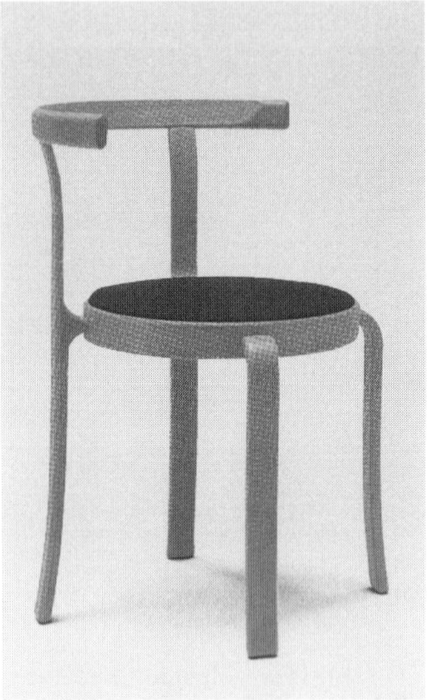

**チェア**

ルッド・ティエセン
1981年
W43×D43×H67×SH41
Magnus／ヤマギワ
MO8002/31
Rud Thygesen

ブナ材、座：布張り、スタッキング式
同チェアにはスツールとバースツールのデザインもある。

**DUO**

ルッド・ティエセン
W121×D68×H78×SH42
Magnus／ヤマギワ
DUO
Rud Thygesen
ブナ材、布張り

### LH-7512

ルッド・ティエセン
W48×D54×H84×SH42
Botium／ヤマギワ
LH-7512
Rud Thygesen

ブナ材、背：ケイン、座：皮革張り
同シリーズにはW54のアームチェアもある。

### パートアウト

ルッド・ティエセン
W58×D47×H70
Magnus／ヤマギワ
PARTOUT
Rud Thygesen

スチール、背座：布張り、スタッキング式

### マリナ

ルッド・ティエセン
W55×D55×H75×SH45
Botium／ヤマギワ
MARINA
Rud Thygesen

スチール、座：チーク材、スタッキング可
屋外使用可。

# ヨルゲン・ガメルゴー

## Jørgen Gammelgaard

1938年デンマークに生まれ、62年工芸学校を卒業後、64年まで王立美術大学家具科で学び、71年までアルネ・ヤコブセン、コルゲン・ボーなどの事務所を経て、73年オフィスを設立、同時に王立美術大学家具科の教授にも就任した。クラフト協議会年度賞(87年)、デンマーク・デザイン協議会賞など受賞も多い。スチールロッドを用いたシャープなフォールディングスツールのデザインでも知られている。1992年没。

クレストレイルチェア
ヨルゲン・ガメルゴー
1982年
W55×D48×H71×SH43
シャン／リビングデザインセンター・ノルディックフォルム
CRESTRAIL
Jørgen Gammelgaard
メープル材

# ヨハネス・フォーサム

## Jøhannes Foersom

1947年デンマークに生まれ、72年コペンハーゲン美術工芸大学を卒業後、77年ピーター・ヨルト・ローレンツェンと共同で事務所を設立しデザイン活動を行う。特にラムホルツ社のデザインを中心に、多くの国際展示会においても数多くの優れたデザインを発表している。スカンジナビアン・ニューウェーブを代表するデザイナーの一人。

コーパス
ヨハネス・フォーサム＆ピーター・ヨルト・ローレンツェン
W59×D59×H80×SH44
Lanmhults／ヤマギワ
CORPUS
Jøhannes Foersom & Peter Hiort-Lorenzen
ブナ材、皮革張り、スタッキング可

ミカド
ヨハネス・フォーサム＆ピーター・ヨルト・ローレンツェン
W44×D50×H83×SH45
KVIST／リビングデザインセンター・ノルディックフォルム
MIKADO
Jøhannes Foersom & Peter Hiort-Lorenzen
ブナ材

# ナンナ・ディッツェル

## Nanna Ditzel

1923年デンマークに生まれ、46年工芸学校を卒業後、夫のヨルゲン・ディッツェルとともに事務所を設立し、家具デザインの分野で活動。日本ではラタン製のブランコ吊り椅子でよく知られている。グッドデザイン賞（53年）、ミラノ・トリエンナーレ・グランプリ銀賞（57年）、同金賞（60年）、旭川国際家具デザインコンペ金賞（90年）など受賞も多い。

**トリニダットチェア**

ナンナ・ディッツェル
W61×D57×H84×SH46
フレデリシア／リビングデザインセンター・ノルディックフォルム
TRINIDAD
Nanna Ditzel

メープル、座：皮革または合板
シャープで軽快、背板のスリットがエレガントなスタッキングチェア。

# フランク・オーウェン・ゲーリー

## Frank Owen Gehry

1929年カナダのトロントに生まれ、47年ロサンゼルスに移り、54年南カリフォルニア大学を卒業後、ハーバード大学大学院で都市計画を専攻。62年ロサンゼルスで建築設計事務所を開設し多方面で活動中。作品は非定型フォルムでユニークなものが多い。代表的建築作品に「ヴィトラ美術館」がある。

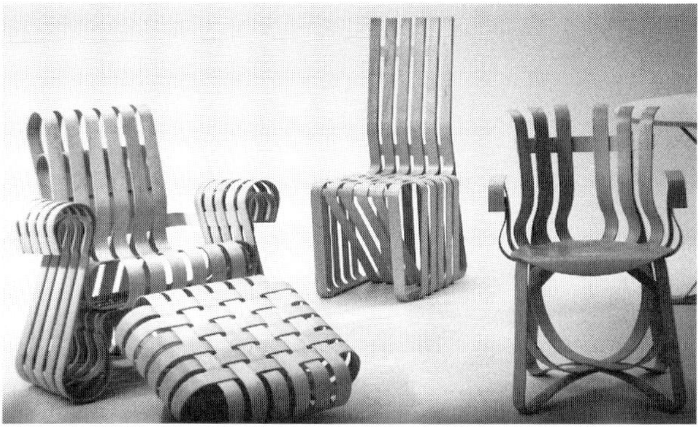

### ゲーリーチェア

フランク・オーウェン・ゲーリー
1992年
Knoll／ノール・インターナショナル・ジャパン
GEHRY
Frank Owen Gehry

メープル単板積層材
素材のもつ自然な弾力性を生かしたユーモアあふれる非定型フォルムは、「ジ・イージー・エッジ」とともに他の追従を許さないものがあると評価が高い。帯状の成型合板で編み上げ接着剤のみで固定したもので、クロスチェックともいう。

### ジ・イージー・エッジ

フランク・オーウェン・ゲーリー
1972年
W39×D55×H82×SH43（左）
W34×D61×H86×SH47（右）
Vitra／インター・オフィス
THE EASY EDGE
Frank Owen Gehry

段ボール製
特殊加工した段ボールの成型合板を積層する発想は、ユニークで奇抜。デンバー・アートミュージアム永久展示品。

# オーケ・アクセルソン

## Ake Axelsson

1932年スウェーデンに生まれ、57年スウェーデン国立美術工芸学校を卒業。70—79年同校の家具インテリア科主任教授として活動、北欧家具デザインコンペ1位入賞（80年)、スウェーデンを代表するデザイナーとして知られる。

センチュリー

オーケ・アクセルソン
W54×D61×H88×SH46
GARSNAS／ヤマギワ
CENTURY
Ake Axelsson

ブナ、皮革張り
オーケ・アクセルソンの作品は、ノーベル評議会場に採用されている。

カーボン・コンポジットチェア／川上元美／1985年
CARBON COMPOSITE CHAIR (C.C.C.) ／Motomi Kawakami

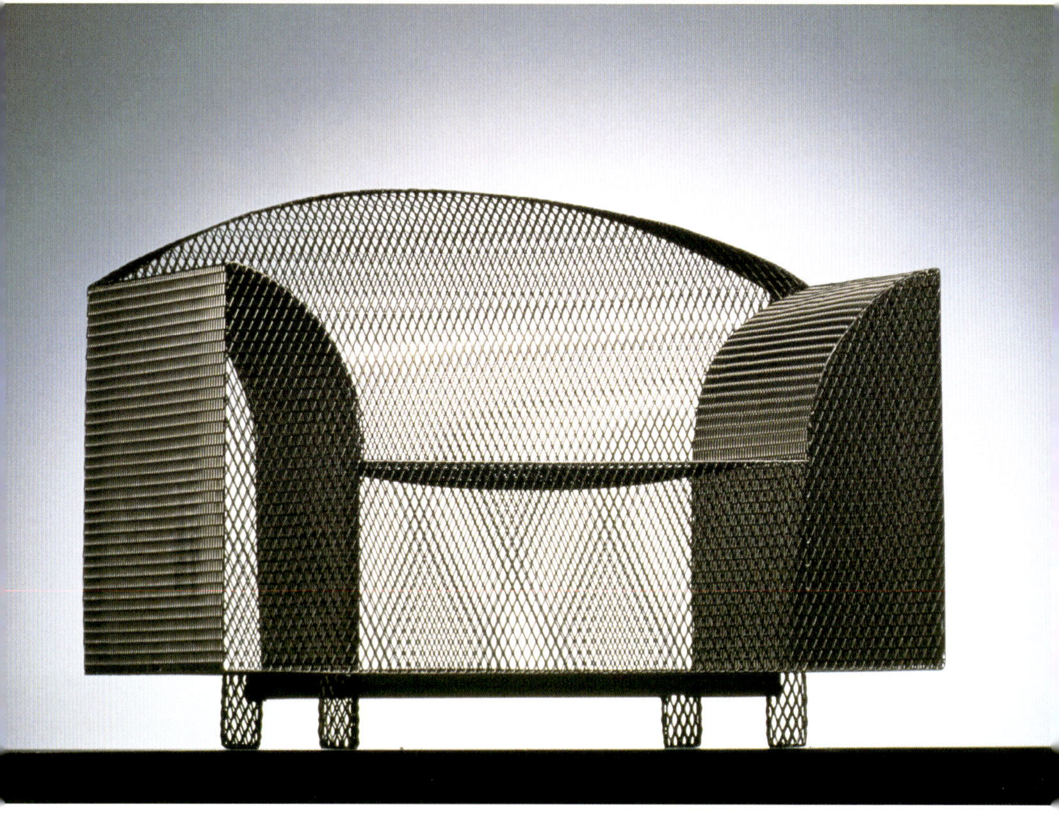

ハウ・ハイ・ザ・ムーン／倉俣史朗／1986年
HOW HIGH The MOON／Shiro Kuramata

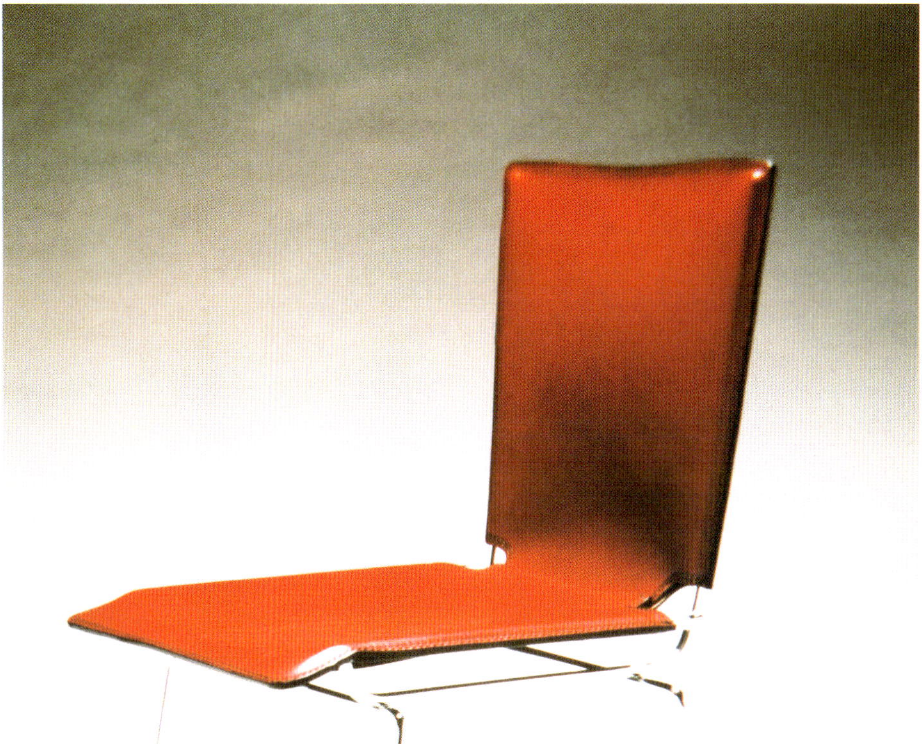

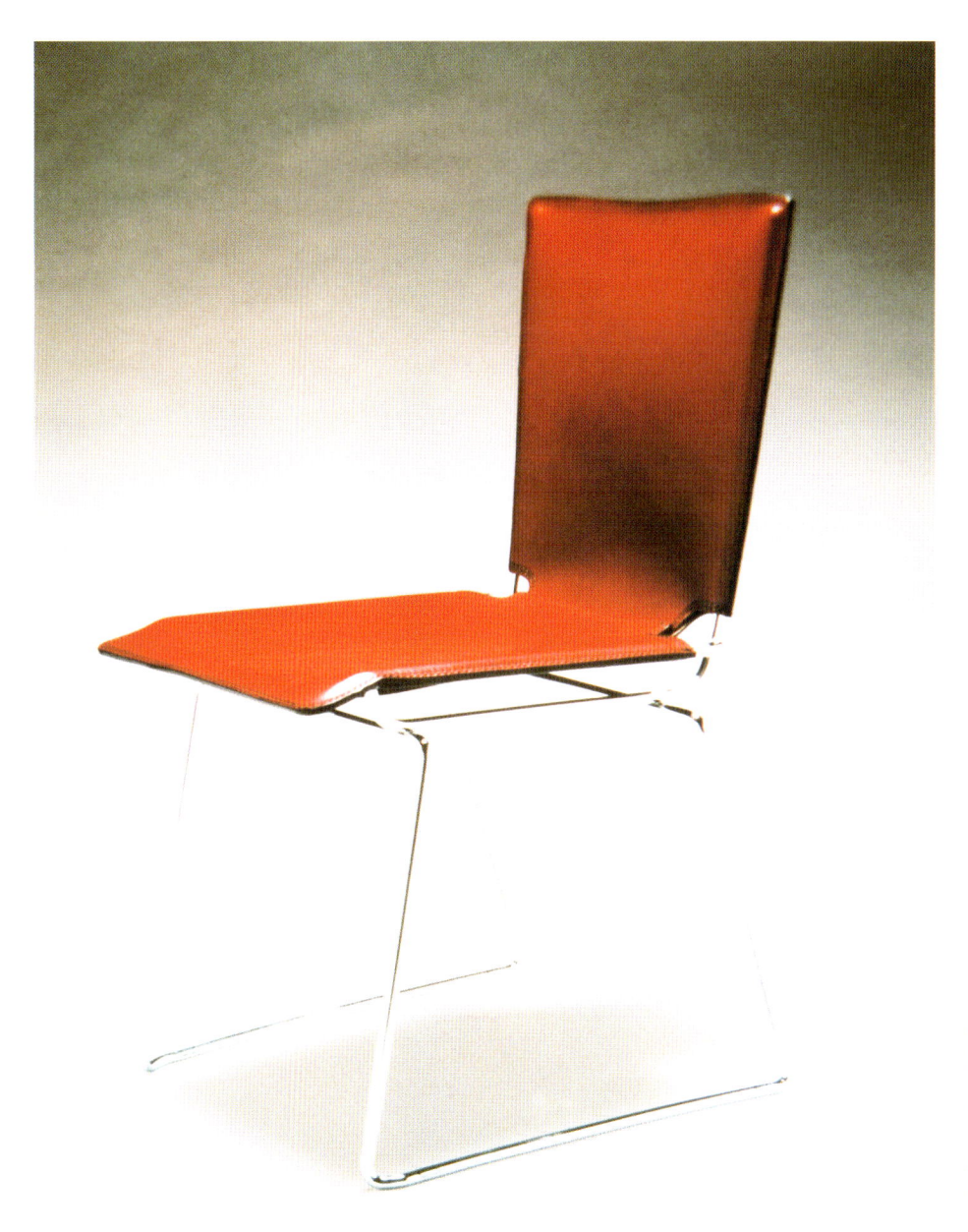

アキ／豊田博之／1984－85年
AKI／Hiroyuki Toyoda

クレセント／佐々木敏光／1998年
CRESCENT／Toshimitsu Sasaki

# ジャパニーズ・ニューウェーブ

## Japanese New Wave

ジャパニーズ・モダン以降、今日までの日本のデザイン感性はグローバル化したさまざまな要因のもと、完成度の高いフォルムで研ぎ澄まされた作品を生んでいる。前述、コラボレーションの潮流の中、世界的に活躍しているデザイナーも少なくない。

わが国の作品群に、前述のアート性やトレンド性に富んだものが比較的少ないのは、長引く景気低迷で産業界からデザイナーまでに広がった〈ミニマリズム〉の影響のためであろう。

ここでは70年代後半からのポスト・モダン以降、今日までの注目されるデザイナーとその作品のいくつかを紹介するが、これらの歴史的評価は後世に委ねることにする。

# 磯崎　新

## Arata Isozaki

1931年（昭和6）大分に生まれ、61年東京大学大学院建築学博士課程を修了、丹下健三に師事後、63年磯崎新アトリエを設立。東京大学をはじめ、国内外の大学教授、講師を兼務。代表的建築物は「つくばセンタービル」「ロサンゼルス現代美術館」「水戸芸術館」など多数。日本を代表する国際的建築家。

**モンローチェア**
磯崎　新
1972—74年
W54×D55×H140×SH44
天童木工
MONROE CHAIR
Arata Isozaki

“モンローカーブ”と呼ばれる定規を開発してデザインしたもので、北九州市立美術館で発表された作品。マッキントッシュとマリリン・モンローのイメージ・コラボレーション。

# 黒川紀章

## Kisho Kurokawa

1934年（昭和9）名古屋に生まれ、京都大学建築学科、東京大学大学院博士課程を修了後、〈メタボリズム〉グループを結成、“生命の時代への変革”をコンセプトに世界各国で活動。主な作品には「和歌山県立近代美術館」、ベルリンの「日独センター」、マレーシアの「クアラルンプール新国際空港」など多数。日本芸術院賞、フランス芸術文化勲章など受賞も多い。

**江戸**
黒川紀章
1982年
W45×D47×H159×SH48
ピーピーエム・コーポレーション
EDO
Kisho Kurokawa

ブナ積層合板、脚：スチール
脚部のトラス構造に江戸時代の升のイメージ、漆の仕上げで日本人の感性が表現されている。時代をクロスオーバーしたコラボレーションといってよい。

# 喜多俊之

## Toshiyuki Kita

1942年（昭和17）大阪に生まれ、64年浪速短期大学を卒業後、デザイン活動に入る。69年ミラノに渡り、ベルニーニ社、ビルーメン社などで工業・家具デザインに携わる。80年「ウインクチェア」を発表し、翌年同作品がニューヨーク近代美術館の永久展示品に選定される。デルタ・デ・オロ賞、アメリカプロダクト・デザイン賞、日本インテリア・デザイナー協会賞、毎日デザイン賞など数多く受賞。日本を代表する国際的デザイナーとして活躍している。

**ウインク**

喜多俊之
1980年
W78（90）×D90（～200）×H80（95）
Cassina／カッシーナ・イクスシー青山本店
WINK
Toshiyuki Kita

1980年ミラノ・サローネで発表され、“椅子機能のルネサンス”と話題になったもの。座る姿勢に応じて背の角度、フットやベースが自由に変えられる可変式シェーズロングチェア。ニューヨーク近代美術館永久展示品。

**サイボーク**

喜多俊之
1987年
W54×D51×H75×SH43
Aidec／アイデック
CYBORG
Toshiyuki Kita

ブナ材、アルミダイキャスト
ブナ材とアルミ素材、革のマッチング。異材質のコラボレーション。オブジェとしても絵になると評判で、ドイツで大ヒットした。

## T-5394

喜多俊之
W50×D50×H66×SH43
天童木工
T-5394
Toshiyuki Kita

ビーチ積層成型合板、皮革張り
"成型合板の家具の醍醐味は、何といってもその曲線の美しさにある"（喜多俊之）。

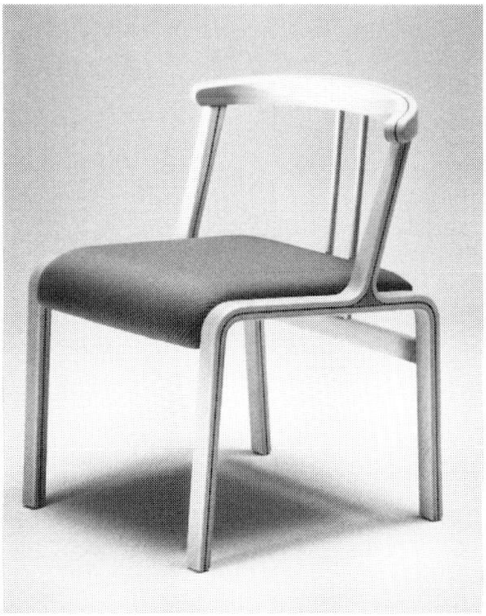

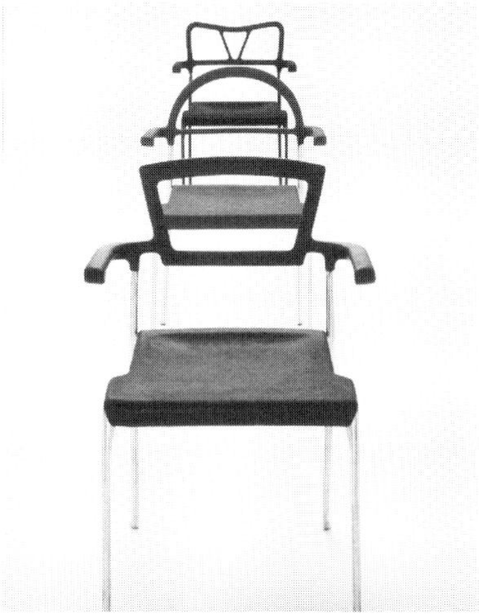

## ミライ

喜多俊之
1989年
Casas／バルセロナ・デザインセンター
MIRAI
Toshiyuki Kita

ウレタンスキンモールド、アルミダイキャスト

## ホップ

喜多俊之
1989年
W83×D80×H103×SH44
W40×D75×SH44（スツール）
Wittman／インター・オフィス
HOP
Toshiyuki Kita

皮革張り、アルミダイキャスト脚

# 阿部紘三

## Kōzō Abe

1939年（昭和14）静岡に生まれ、65年千葉大学工学部工業意匠学科を卒業。Qデザイナーズを経て、71年イタリア・ミラノのジオ・ポンティ・フォルナローリ・ロッセッリィ建築事務所に入所。77年帰国後阿部紘三デザイン事務所を開設、母校での講師を兼務している。73年ミラノ・トリエンナーレ・グランプリ、75年国際照明器具コンペ、76年国際家具コンペで金賞を受賞している。

セディアー II
阿部紘三
1986年
W53×D53×H82×SH45（右）
W43×D52×H82×SH45（左）
Linea Japan／リビングデザインセンター・にっぽんフォルム
SEDIA－II
Kōzō Abe

スチール、背・座：コードバン革
セディアとはイタリア語で椅子のこと。

セディア・クワトロ
阿部紘三
1990年
W37×D46×H78×SH45
Linea Japan／リビングデザインセンター・にっぽんフォルム
SEDIA・CUWATORO
Kōzō Abe

ナラ材、積層合板、布張り
貫を使わないシンプルでコンパクトなサイドチェア。全体のフォルムに研ぎ澄まされた感性を感じる。

# 倉俣史朗

## Shiro Kuramata

1934年（昭和9）東京に生まれ、54年都立工芸高校、56年桑沢デザイン研究所リビングデザイン科を卒業後、64年まで三愛の宣伝課に勤務、松屋のインテリアデザイン室嘱託を経て、65年クラマタデザイン事務所を設立。家具、照明器具から住宅、店舗の分野で活躍、ミニマリストとしてのコンセプトによるアバンギャルド・デザイナーとして国際的評価も高い。毎日産業デザイン賞（72年）、日本文化デザイン賞（81年）、フランス文化省芸術文化勲章（90年）など受賞も多い。1991年没。

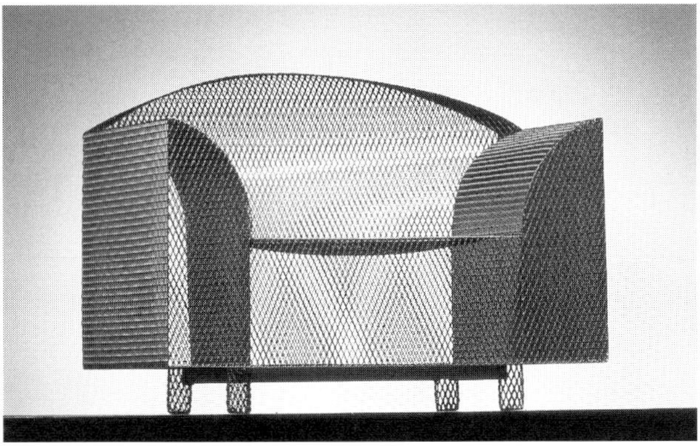

ハウ・ハイ・ザ・ムーン
倉俣史朗
1986年
W95×D85×H75×SH36
Vitra／インター・オフィス
HOW HIGH The MOON
Shiro Kuramata

リブメッシュ（エキスパンドメタル）、ニッケルメッキ
フォルムの美しさで世界的に賞賛され、名を不朽のものとした代表作。メトロポリタン美術館、サンフランシスコ近代美術館永久展示品。

HAL-2
倉俣史朗
1988年
W42×D48×H93×SH45
I-D EDTION／カッシーナ・イクスシー青山本店
HAL-2
Shiro Kuramata

座：チップボードまたは布、革張り、メッシュメタル、スチールパイプ
シャープなフォルムの中にもパラドクシカルな世界を感じさせる。

# 川上元美

## Motomi Kawakami

1940年（昭和15）兵庫県に生まれ、66年東京芸術大学大学院美術研究科を卒業、69年までアンジェロ・マンジャロッティ建築事務所に勤務。71年に川上デザインルームを設立、工業デザインから景観デザインまで幅広い分野で活動中。ジェノバ家具展金賞（69年）、日本インテリアデザイナー協会賞（77年）、毎日デザイン賞（91年）、国井喜太郎産業工業賞（92年）など受賞も多い。

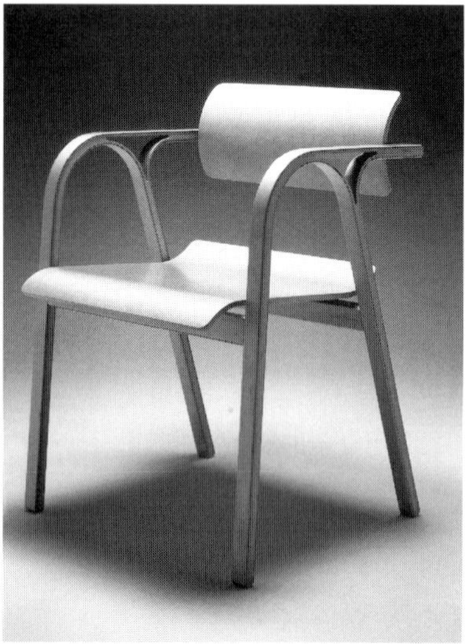

カーボン・コンポジットチェア
川上元美
1985年
W51×D51×H74
岡村製作所／リビングデザインセンター・にっぽんフォルム
CARBON COMPOSITE CHAIR（C.C.C）
Motomi Kawakami

カーボングラスファイバーシート、メープル材成型合板
成型合板の中にカーボンシートを組み込んだコンポジット手法によるノックダウン式のアームチェア。板バネ式の背板は身体に合わせて自由に動く。発表時のオリジナルはヤマハで製作。

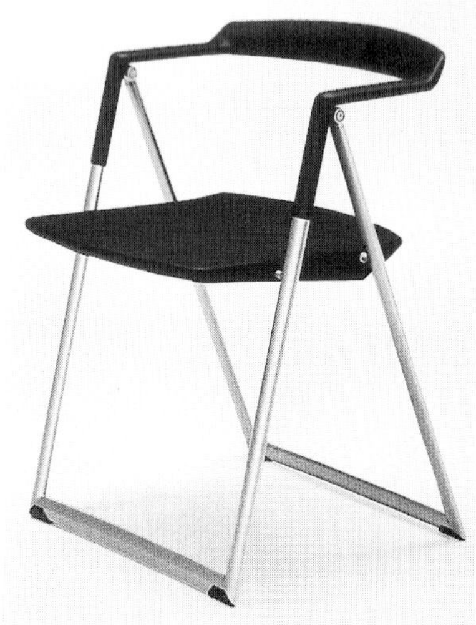

ブロンクス
川上元美
1977年
W51×D46×H76×SH44
Skipper／カッシーナ・イクスシー青山本店
BRONX
Motomi Kawakami

インテグラムフォーム使用のフォールディングチェア。国際家具コンペ入賞作品。

### エヌティーチェア

川上元美
1977年
W56×D56×H78×SH43
Arflex／アルフレックスジャパン
NT
Motomi Kawakami

ウォールナット材、コットンまたは革テープ張り
テープ張りの背と座が心地よいクッション。インターナショナルチェアデザインコンペ1席受賞（1977年）。

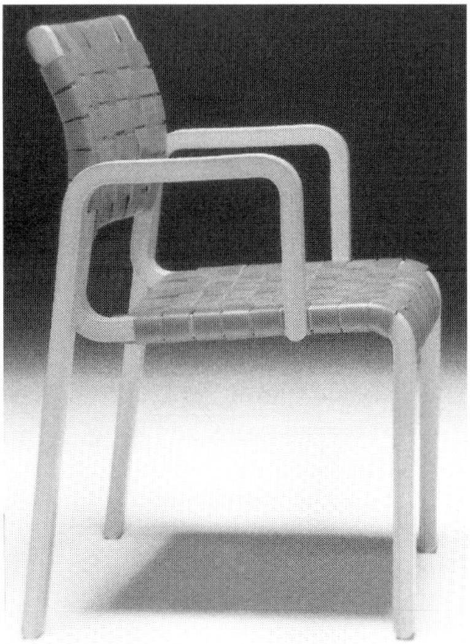

### ルカ

川上元美
W53×D52×H78×SH44
Arflex／アルフレックスジャパン
LUCA
Motomi Kawakami

ブナ材、プライウッド（合板）網代編み
朝日新聞社主催"木の椅子展"優秀賞作品。

### エムケーチェア

川上元美
W57×D53×H79×SH44
Arflex／アルフレックスジャパン
MK
Motomi Kawakami

メープル材、皮革張り

# 内田　繁

## Shigeru Uchida

1943年（昭和18）神奈川に生まれ、66年桑沢デザイン研究所インテリア住宅科を卒業後、70年内田デザイン事務所を設立。桑沢デザイン研究所、東京造形大学の講師を経て、81年スタジオ80を設立、店舗、住宅、家具から環境デザインの各方面で活動。代表作には六本木の「WAVE」、原宿の「49AVジュンコ・シマダ」など多数。日本インテリア・デザイナー協会賞（80年）を受賞、家具にはメトロポリタン美術館永久展示品もある。

チェア025-1
内田　繁
1984年
W84×D63×H69×SH38
Studio80
CHAIR 025-1
Shigeru Uchida

パンチングメタル、スチール

# 豊田博之

## Hiroyuki Toyoda

1946年（昭和21）埼玉県に生まれ、73年武蔵工業大学建築学科を卒業後、イタリアのヴェネツィア建築大学に留学、建築家カルロ・スカルパに師事。79年イタリアで独立、ヴェネツィアと東京を拠点に建築設計及び家具、照明のデザイン分野において活動、家具デザインではボノーニア、シモン、プラス（日本）の各社でデザインを発表、カルロ・スカルパに関する論文も多い。2000年没。

アキ
豊田博之
1984—85年
W47×D55×H77×SH43（アームレス）
W56×D55×H77×SH43（アーム）
ボノーニア／リビングデザインセンター・にっぽんフォルム
AKI
Hiroyuki Toyoda

スチールフレーム、コードバン革

ラン
豊田博之
1987年
W75×D75×H75×SH40
ボノーニア／リビングデザインセンター・にっぽんフォルム
RAN
Hiroyuki Toyoda

スチールクロームメッキ、皮革

# 岩倉栄利

## Eiri Iwakura

1948年（昭和23）福島県に生まれ、70年インテリアセンタースクール（ICS）を卒業後、島崎信デザイン研究所に入所、75年あとりえむに造形研究室を設立して独立。81年デザイナーブランドショップ、「ロックストーン」を開設し、家具デザイナー、プロデューサーとして活躍中。その後設立したピーピーエム・コーポレーションでは、海外デザイナーシリーズを中心にトータルなモノづくりに取り組んでいる。

**花舞図**
岩倉栄利
1985—86年
W43×D49×H80×SH43
ピーピーエム・コーポレーション
KABUTO
Eiri Iwakura

スチールパイプ、ブナ成型合板
兜をオマージュしたデザインという。アーム付、コードバンを張ったものなど40種以上のアイテムがある。ロックストーンのロングラン商品。

**花舞図PP311**
岩倉栄利
1986年
W56×D50×H73×SH44
ピーピーエム・コーポレーション
KABUTO PP311
Eiri Iwakura

スチールパイプ

## カルス

岩倉栄利
W42×D42×H82×SH76
ピーピーエム・コーポレーション
KARS
Eiri Iwakura

スチールロット、ブナ無垢

## カメイス

岩倉栄利
W85×D72×H76
ピーピーエム・コーポレーション
KAMEISU
Eiri Iwakura

成型合板
ダイナミックで野生味のあるフォルムは豪胆かつ繊細でユニーク。木の椅子展入選作品。

# 佐々木敏光

## Toshimitsu Sasaki

1949年（昭和24）大分県に生まれ、73年芝浦工業大学を卒業後、西武百貨店ジャパン・クリエイティブ家具部門を担当。現在、熊本県において家具、照明器具、工芸の分野で活動している。毎日工業デザインコンペ課題賞（78年）、第6回アランゴ国際デザインコンペなどで受賞。

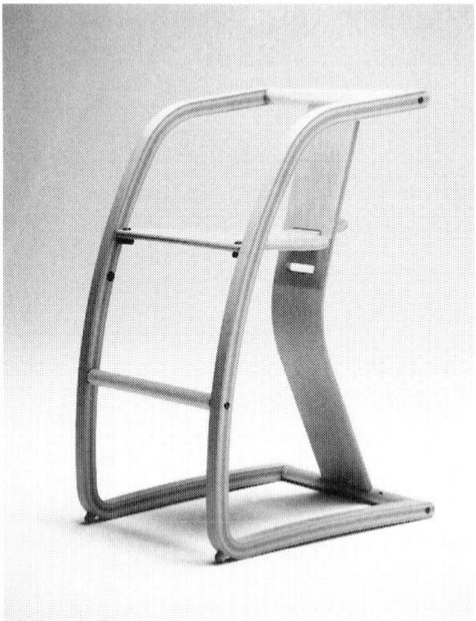

**子供椅子**

佐々木敏光
1984年
W43×D50×H74×SH45（51）
天童木工
CHILD'S CHAIR
Toshimitsu Sasaki

ブナ材積層合板
座面が2段階調整式の子供用ダイニングチェアで、前方に倒すと木馬の遊具になる。フィラデルフィア美術館永久展示品。

**ダイニングチェア**

佐々木敏光
W46×D51×H81×SH44
天童木工
T-5513
Toshimitsu Sasaki

積層成型合板

## クレセント

佐々木敏光
1998年
W62×D51×H71×SH43
MANORECIA／リビングデザインセンター・にっぽんフォルム
CRESCENT
Toshimitsu Sasaki

ナラ、座：ナラまたは布張り
1998年朝日新聞社主催“木の椅子展”に出品され、フォルムの美しさで好評を博した。

## エムエス

佐々木敏光
W45×D47×H79×SH44
MANORECIA
MS-253
Toshimitsu Sasaki

アッシュ材、コードバン革

アームチェア
佐々木敏光
W70×D43×H72×SH43
MANORECIA
MS-251
Toshimitsu Sasaki

ブナまたはチェリー、スチールパイプ

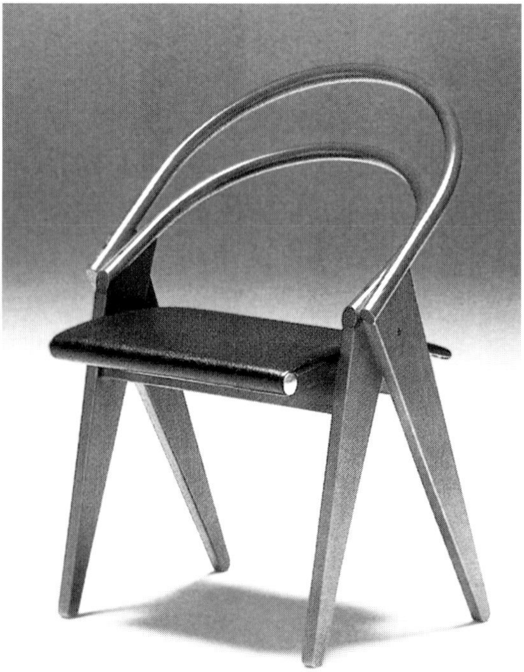

MS-258 アームチェア
佐々木敏光
MANORECIA
Toshimitsu Sasaki

# 黒川雅之

## Masayuki Kurokawa

1937年（昭和12）名古屋に生まれ、61年名古屋工大建築科を卒業、早大理工科修士課程を修了後、GKインダストリアル研究所を経て、67年建築事務所を開設。建築から照明器具まで幅広い分野で活動、グッドデザイン賞、建設大臣賞など受賞も多い。

セラチェア
黒川雅之
W43×D49×H80×SH43
I-D EDTION／カッシーナ・イクスシー青山本店
SELLA
Masayuki Kurokawa

メープル、皮革張り

# 川崎文男

# Fumio Kawasaki

1950年（昭和25）に生まれ、桑沢デザイン研究所インテリア科を卒業後、アルフレックスジャパン社に入社。84年SID projectデザインオフィスを設立、85年VITA社のデザイン部門を担当、93年カワサキフミオ・デザインオフィスを設立し現在に至る。デザイン・コンサルタントとして、インテリアから産業用コンピュータまで広い分野で活動している。

エフケーアームチェア
川崎文男
1986年
W51×D52×H73×SH42
Arflex／アルフレックスジャパン
FK
Fumio Kawasaki
ウォールナット積層材、布張り
流れるような成型合板のアームのラインが軽快なフォルム。

オブリーク
川崎文男
1997年
W42×D51×H80×SH45
岡村製作所／リビングデザインセンター・にっぽんフォルム
OBURIKU
Fumio Kawasaki
ビーチ材、布張り

# 押野見邦英

## Kunihide Oshinomi

1941年（昭和16）東京に生まれ、65年横浜国立大学建築学科を卒業後、同大学助手、翌年鹿島建設入社、建築設計部担当部長を経て独立。代表作に「八重州ブックセンター」「大阪東京海上ビル」など、著作に『インテリア・ウォッチング』（鹿島出版会）がある。

シオンチェア
押野見邦英
W194×D49×H80×SH49
カッシーナ・イクスシー青山本店
SION
Kunihide Oshinomi

ハードメープル材、アルミパイプ

ワイオー
押野見邦英
1992年
W51×D53×H77×SH45
Arflex／アルフレックスジャパン
YO
Kunihide Oshinomi

メープル材、布張り
"座る人を美しく見せる""椅子を着る"がコンセプト。繊細なラインが印象的。

# 植木莞爾

## Kanji Ueki

1946年（昭和21）東京に生まれ、68年慶応大学を卒業後イタリアに渡り、ミラノのリナシェンテ本店デザイン室、アルド・ヤコベル建築事務所に勤務。73年ガザッポ＆アソシエイツを設立、家具から空間デザインの分野で活動。75年帰国後、日本でもあらたにガザッポ＆アソシエイツを設立し活躍中。

**ケーユーエフアームチェア**
植木莞爾
W51×D54×H79×SH45
Arflex／アルフレックスジャパン
KUF
Kanji Ueki

カバ材、布張り

**ヴェント**
植木莞爾
W42×D50×H78×SH44（右）
W51×D50×H78×SH44（左）
I-D EDTION／カッシーナ・イクスシー青山本店
VENTO
Kanji Ueki

ブナ材、革または布張り
洋と和の融合されたフォルムとヨーロッパで評価された。

# 須永壮太郎

## Soutaro Sunaga

1947年（昭和22）東京に生まれ、70年多摩美術大学デザイン科を卒業後、76年スウェーデン国立美術工芸大学を卒業。80年SUNAGAデザインオフィスを設立、プロダクト・デザイン分野で活動中。代表作には「インターベル」「ペラゴ」などがある。三越ファニチュアコンペ、国際家具コンペ旭川などでの受賞も多い。現在は東北芸術工科大学教授を兼務している。

パウス
須永壮太郎
W55×D50×H71×SH45
ALMA／アイデック
PAUSE
Soutaro Sunaga
ブナ材、布張り

パウスアームチェア
須永壮太郎
W55×D50×H71×SH45
ALMA／アイデック
PAUSE ARM CHAIR
Soutaro Sunaga
ブナ材、布張り

# 黒川　勉

## Tsutomu Kurokawa

1962年（昭和37）愛知県に生まれ、ICS設計、スーパーポテトの各事務所を経て、92年片山正道とエイチ・デザインアソシエイツを開設。現在は単独で建築内装の企画・デザインを中心に活動中。代表作には「Pas de Calais」（98年）などがある。

ラルグ

黒川　勉
W88×D80×H72×SH42
ALMA／アイデック
LARG
Tsutomu Kurokawa

布張り、スチール脚
ホップで新鮮なイメージをもつ個性的なフォルム。W183のソファもある。

# 林　秀行

## Shukoh Hayashi

1956年（昭和31）東京に生まれ、79年慶応大学法学部、82年桑沢デザイン研究所インテリア科を卒業後、近藤康夫デザイン事務所に勤務。87年リニアデザインを共同で設立、アイデック社ほか多くの企業のデザインを手がけている。デザインフォーラム銀賞、アルフレックス・デザインコンペ銀賞など受賞も多い。

**ロゴ**
林　秀行
1995年
W46×D46×H79×SH45
ALMA／アイデック
LOGO
Shukoh Hayashi

ナラ材、布張り

**ホリゾン**
林　秀行
W81×D82×H74×SH40
W56×D55×H40（オットマン）
ALMA／アイデック
HOLIZON
Shukoh Hayashi

傾斜したサイドのフォルムがポップで印象的。

# 寺原芳彦

## Yoshihiko Terahara

1943年（昭和18）東京に生まれ、67年武蔵野美術大学工芸工業デザイン科を卒業後、ハーマンミラージャパン社、小田急ハルクを経て、79年BY STEPデザイン研究所を設立。インテリア・プロダクトを中心に活動、毎日インダストリアル・デザイン賞、日本インテリア・デザイナー協会賞ほか受賞多数。北欧建築デザイン協会理事、武蔵野美術大学教授を兼務している。

**チタニウム**

寺原芳彦
W54×D50×H73×SH43
日本ビクター
Titanium Collection
Yoshihiko Terahara

チタニウムパイプ、革張り置きクッション
世界初のチタニウムチェアとしてドイツのヴィトラ・デザイン美術館の収蔵作品になった。

**ツーインフォーSS型**

寺原芳彦
W70×D70×H60×SH38
内田洋行
TWINFO
Yoshihiko Terahara

スチール、布張り、座面回転タイプ
人の動きを妨げず、自由に回転できるニュータイプのロビーチェア。

## 家具取扱いショップ及び写真協力リスト

アイデック東京ショールーム
03(5772)6330
〒107-0062　東京都港区南青山2-24-15　青山タワービル別館

イデー・ショップ
03(5485)8461
〒107-0062　東京都港区南青山6-1-16

インター・オフィス
03(3449)9176
〒141-0022　東京都品川区東五反田5-25-19　東京デザインセンター

アルフレックスショップ東京
03(3486)8899
〒150-0012　東京都渋谷区広尾1-1-40　恵比寿プライムスクエア1階

カッシーナ・イクスシー
03(5725)4171
〒150-0022　東京都渋谷区恵比寿南2-20-7　CIXビル

カッシーナ・イクスシー青山本店
03(5474)9001
〒107-0062　東京都港区南青山2-12-14　ユニマット青山ビル1～3階

天童木工東京支店ショールーム
03(3432)0401
〒105-0013　東京都港区浜松町1-19-2

ノバオーシマ海岸ショールーム
03(5439)9666
〒108-0022　東京都港区海岸3-29-1　鈴江倉庫2階

ノールインターナショナルジャパン丸の内ショールーム
03(3213)6767
〒100-0000　東京都千代田区丸の内3-1-1　国際ビル

飛騨の家具館
0120(772)055
〒104-0053　東京都中央区晴海1-8-10　晴海トリトンスクエアX棟1階

(青山) BC工房
03(3746)0822
〒150-0001　東京都渋谷区神宮前3-1-25

ピーピーエム・コーポレーション
03(5464)6911
〒107-0061　東京都港区北青山3-6-1　ハナエモリビル5階

シモンジャパン
03(3407)0822
〒107-0062　東京都港区南青山5-7-23　始弘ビル1階

アイダ
03(3797)3137
〒107-0062　東京都港区南青山5-9-5

ショップイノベータ&カサブランカ
03(3475)0241
〒151-0051　東京都渋谷区千駄ヶ谷3-50-11

ヤマギワ本店・リビナ館
03(3253)5111
〒101-0021　東京都千代田区外神田1-5-10

ダ・ドリアデ青山
03(5770)1511
〒107-0062　東京都港区南青山3-16-3

五番町インテリアショップ
03(5210)5811
〒102-0076　東京都千代田区五番町12-5

リネアジャパン
03(3463)7182
〒150-0041　東京都渋谷区神南1-10-6　第一岩下ビル

リビングデザインセンター
03(5322)6500
〒163-0005　東京都新宿区西新宿3-7-1　新宿パークタワー

にっぽんフォルム
03(5322)6620

ノルディックフォルム
03(5322)6565

ビー＆ビーイタリア／DHJ
03(3820)7116
アルテック／ビームスジャパン
03(5368)7305
マノレジア
03(5485)0196
〒150-0002　東京都渋谷区渋谷1-20-1　三信ビル2階
プロスペクト／藤栄
03(3725)1110
〒152-0032　東京都目黒区平町1-2-2
シャープ・トレーディング
06(629)4118
〒545-0013　大阪市阿倍野区長池町22-22
モーリ・コーポレーション
03(3496)1003
〒150-0035　東京都渋谷区鉢山町15-1
チェコッティ・コレツィオーニ／バンリ
03(3410)9831
〒152-0021　東京都目黒区東が丘1-5-22
日本ビクター
03(5473)7601
〒105-0004　東京都港区新橋4-5-1　アーバン新橋ビル
ギンザ桜ショップ／桜製作所
03(3547)8118
〒104-0061　東京都中央区銀座4-10-5　三幸ビル1階
内田洋行
03(5634)6185
〒135-0052　東京都江東区潮見2-9-15
アッシュ・ア・ドゥ
03(5774)1775
〒150-0011　東京都渋谷区東1-28-9
The HarLem
03(5774)1794
〒150-0011　東京都渋谷区東1-28-9
織田憲嗣
林　義夫

＊取扱いショップには、一部メーカー（直営店含む）や過去に取扱ったショップを含みます。
また、都合により取扱い品の廃番や販売を中止することがあります。
＊取扱いショップの店名や住所、電話番号は都合により変更されることがあります。

## 参考文献及び協力団体


A CENTURY OF DESIGN　Penny Sparke　デュウ出版
50 CHAIRS　Mel Byars　Roto Vision
CONTEMPORARY LANDSCAPE　京都国立近代美術館
THE BOOK OF CHAIR ELLE DECO　タイムアシェットジャパン
デンマークの椅子　織田憲嗣　光琳出版
日本の木の椅子　渡辺　力監修　商店建築社
建築家の椅子111脚　SD9606　鹿島出版会
現代の家具と照明　大廣保行　鹿島出版会
続・現代の家具と照明　大廣保行　鹿島出版会
いす・100のかたち　ヴィトラ・デザインミュジアム　読売新聞社
暮らしの中の木の椅子展　朝日新聞社文化企画局　朝日新聞社
カタルーニャ・デザイン - バルセロナ・デザインセンター
FORMA（フォルマ）- イタリア貿易振興会

# 著者紹介

## 大廣 保行（おおひろ　やすゆき）

1943年熊本県生まれ

1995年五島育英会・東横学院女子短期大学ライフデザイン学科教授

インテリア学会評議委員、他も勤める

2016年4月逝去

### 主な著書

『インテリア・デザインを知る』鹿島出版会

『現代の家具と照明』鹿島出版会

『続・現代の家具と照明』鹿島出版会

『椅子のデザイン小史』鹿島出版会

『インテリアコーディネーター用語辞典』井上書院

『新インテリア用語辞典』トーソー出版

『インテリアコーディネーター小辞典』日刊工業新聞社

『インテリアコーディネーター資格試験』日刊工業新聞社

ほか多数

# デザイナーズ・チェア・コレクションズ
## 320の椅《い》子《す》デザイン

2005年 9 月30日　第1刷発行
2025年 3 月10日　第3刷発行

著　者　　大廣《おおひろ》 保行《やすゆき》

発行者　　新妻 充

発行所　　鹿島出版会

〒104-0061　東京都中央区銀座6-17-1
銀座6丁目-SQUARE 7階
電話 03-6264-2301　振替 00160-2-180883

印刷・製本　　壮光舎印刷

カバー・デザイン　　工藤 強勝

DTPオペレーション　　シンクス


ISBN 978-4-306-04457-9 C3052



本書の内容に関するご意見・ご感想は下記までお寄せ下さい。

URL　：https://www.kajima-publishing.co.jp/
E-mail：info@kajima-publishing.co.jp